HISTOIRE

DE LA CAPTIVITÉ, DU ...

ET DE L'EXÉCUTION

DE LOUIS XVI

PAR LE ...

Prix : 50 c...

A PARIS

BIBLIOTHÈQUE HISTORIQUE

rue de Buffault ...

HISTOIRE

DE LA CAPTIVITÉ, DU JUGEMENT

ET DE L'EXÉCUTION

DE LOUIS XVI

HISTOIRE

DE LA CAPTIVITÉ, DU JUGEMENT

ET DE L'EXÉCUTION

DE LOUIS XVI

PAR LE JUIF-ERRANT

Prix : 50 cent.

A PARIS

A LA BIBLIOTHÈQUE HISTORIQUE DU JUIF-ERRANT
rue de Buffault, 22

CHEZ TOUS LES LIBRAIRES DE FRANCE ET DE L'ÉTRANGER

1858

HISTOIRE

DE LA CAPTIVITÉ, DU JUGEMENT

ET DE L'EXÉCUTION

DE LOUIS XVI

I

La Révolution de 89 est bien certainement la plus étonnante révolution que l'on ait encore vue dans le monde entier. Chaos étrange de tyrannie et de liberté, de grandeur et de bassesse, de vertus patriotiques et de mauvaises passions, elle voulut de bonne foi le bonheur du monde et la régénération de l'humanité. Jusqu'au jour de la grande Fédération du Champ-de-Mars (14 juillet 1790), où la nation vint s'asseoir au solennel banquet de la liberté, ce fut comme une ivresse intellectuelle qui transportait les âmes. L'espérance de l'âge d'or enflammait tous les cœurs; une étreinte fraternelle unissait tous les hommes comme des frères d'une même famille ; l'enivrement était général : on eût dit que les âmes allaient se fondre dans ces indicibles moments d'effusion, d'enthousiasme et d'amour.

Mais, bientôt, emportée par les mauvaises passions qui surgissent comme de dessous terre, lorsque les peuples se réveillent au nom de la liberté, elle se précipita dans toutes sortes de crimes et de folies, abolissant en aveugle ce qu'il fallait seulement réformer, imposant par la violence ce qu'il fallait doucement insinuer par la persuasion, et, dans sa fureur, oubliant que, si la liberté est le droit sacré des peuples, la plus belle vertu d'un républicain, c'est l'amour de l'humanité.

Aussi, dès ce moment, l'idéal de la Révolution s'évanouit comme un rêve après le sommeil ; l'espérance fit place à une triste réalité ; les larmes succédèrent à la joie ; une frénésie furieuse s'empara des esprits ; et ces trois mots de patriotisme et d'amour, liberté, fraternité, égalité, ne furent plus qu'une devise mensongère sous laquelle vinrent s'abriter l'orgueil et l'ambition de quelques hommes, tribuns de la veille, que le lendemain saluait oppresseurs.

Mais nous n'avons pas à raconter ici les sanglantes péripéties de cette Révolution, ni à la montrer, emportée par nous ne savons quel infernal vertige, se jouant dans le sang avec l'anarchie et livrant la France à toutes les horreurs d'une liberté sans règle, sans principe et sans frein. Ce que nous venons dire, d'après les documents officiels du *Moniteur*, c'est l'inique captivité du roi Louis XVI et le jugement plus inique encore qui condamna comme tyran, à la peine de mort, le plus vertueux des rois et le plus juste après saint Louis. Nous allons commencer notre récit aux derniers jours de l'Assemblée constituante, afin de montrer la tyrannie révolutionnaire méditant de loin son crime et le préparant par toute sorte de moyens et de perfidies.

II

Le 30 septembre 1791, l'Assemblée nationale, dite *Constituante*, arrivait au terme de sa carrière, après avoir passé par les exagérations de l'enthousiasme et les méprises de l'inexpérience et lancé la France dans un abîme, où la liberté devait se confondre dans la licence, et puis enfin périr dans le sang. Elle s'était ouverte aux acclamations d'un peuple unanime dans ses espérances ; elle allait se fermer au bruit des récriminations de tous les partis ; et elle finit, en effet, si lâchement, au moment où elle se voyait obligée de supporter tout le poids de son ouvrage, qu'elle doit être regardée comme la première et la principale cause de toutes les calamités qui désolèrent la France pendant une période de vingt-quatre années.

Elle avait depuis son apparition promulgué, au milieu des discussions et des folies populaires, deux mille deux cents décrets, et l'histoire ne saurait les dénombrer tous avec leur objet propre de destruction ; elle avait rasé toutes les institutions anciennes, non seulement celles que le temps rendait inapplicables, mais encore celles qui pouvaient s'adapter à des habitudes nouvelles de liberté, conservant la royauté comme pouvoir exécutif et dépossédant le roi de la puissance législative ; elle avait proclamé les droits métaphysiques de l'homme, confondu tous les éléments de la société, déchaîné les passions populaires et désorganisé la monarchie avec une inconcevable célérité ; elle avait rompu le lien d'association, et par-là même disposé l'homme isolé à la servitude ; elle avait dressé sur la France le principe d'une centralisation inconnue, et fait ainsi de la liberté un instrument de la tyrannie ; et la France, par ses antipathies pour des dominations de vanité, avait accepté avec applaudissement les apprêts d'une domination administrative sans exemple dans l'histoire des peuples.

Enfin, ce grand nivellement social fut couronné, le 3 septembre 1791, par une constitution nouvelle qui dépouillait le roi de tous ses droits politiques, et en particulier du droit de faire la paix ou la guerre, droit réservé à la nation ; indice suffisant d'une révolution consommée.

Le 14 septembre suivant, Louis XVI alla jurer, dans une séance solennelle, l'observation de cette constitution. L'apparition du roi sembla raviver des souvenirs d'amour, et son discours jeta dans l'assemblée une vive émotion : on eût pu se croire aux jours d'enthousiasme de 89 ; mais c'était comme un dernier adieu fait à la vieille monarchie française.

L'Assemblée constituante, en s'éloignant, allait laisser le trône aux mains des factions. Les partis s'étaient transformés. Les royalistes n'étaient déjà plus dans le mouvement des affaires. A leur place, était apparu le parti des monarchiens ou des impartiaux, dit aussi des modérés, sorte d'opinion indécise, comme il s'en rencontre en tous temps pour servir de transition vers les partis violents et extrêmes. Les constitutionnels venaient ensuite ; parti plus avancé dans la Révolution, mais incapable, comme le premier, de la contenir. Enfin, le parti des Jacobins commençait à se montrer avec tout le développement de sa frénésie, si n'est que les Orléanistes étaient dans son sein, pensant le maîtriser et payant ses crimes pour en faire sortir une royauté nouvelle. Quant au duc d'Orléans, il se tenait dans l'ombre, prêtant son nom aux desseins funestes, n'apparaissant que pour des actes de lâcheté, se dépouillant de son titre de prince, déclarant que les titres civiques suffisaient désormais à quiconque était né sur le sol de la France et préludant par l'infamie à l'usurpation qu'il avait rêvée.

III

Au milieu de tout ce travail désordonné des factieux, une Assemblée nouvelle, représentant la Révolution dans ses progrès, s'ouvrait à Paris, le 1er octobre 1791. Cette Assemblée nationale, plus connue dans l'histoire sous le nom d'*Assemblée législative*, se composait de sept cent quarante-cinq membres, parmi lesquels on comptait près de quatre cents avocats, la plupart dénués de fortune; soixante-dix prêtres apostats; autant de poètes et de littérateurs sans talents comme sans renommée, transformés soudainement en Lycurgue; anciens valets des courtisans de Versailles, aujourd'hui courtisans du peuple ou de la Commune de Paris; la plus grande majorité ne possédant aucun patrimoine et n'ayant pas même atteint leur trentième année, et presque tous n'étant connus que parce que depuis deux ans ils avaient exercé leur loquacité dans les clubs et les assemblées populaires ou sur la place publique. La noblesse et le clergé n'y avaient plus que quelques membres épars; l'intérêt démocratique avait dominé les élections; seul, il allait désormais inspirer ses actes et sa politique.

Le côté droit de l'Assemblée ne devait plus avoir rien de commun avec ceux qui, les premiers, avaient défendu la monar-

chie ; là, se réfugiaient, timides et glacés et
en très petit nombre, ceux-là même qui
avaient appelé la Révolution comme une
réforme, se rattachant à quelques débris de
la vieille constitution et s'abritant en quelque sorte dans les ruines. Au centre, apparaissait une masse de révolutionnaires
ineptes ou indécis, disposés à adopter ou à
sanctionner par la peur toutes les ruines
nouvelles ; et, votant tantôt avec les uns,
tantôt avec les autres ; cette masse devint
lâche et méprisable dans les assemblées
postérieures où régna la violence ; elle reçut
le nom trivial et honteux de *ventre*. Enfin,
au côté gauche, se déroulait le parti jacobin, s'avançant de plus en plus en ses desseins de destruction et dominant l'avenir par
la jouissance de ses premiers triomphes.

Les clubs acquirent à cette époque une
plus grande importance. Agitateurs sous la
Constituante, ils devinrent dominateurs
sous la Législative. C'était là que se rendait
tout ce qui voulait parler, s'agiter, s'émou-
voir. L'Assemblée nationale ne pouvant
plus contenir toutes les ambitions, celles-ci
se réfugiaient dans les clubs, où elles trou-
vaient une tribune et des orages. Le peuple
courait à ce spectacle nouveau et y trouvait,

dès ce temps même, un emploi lucratif ;
car on y payait les applaudissements, dit
Bertrand de Molleville.

Le plus ancien des clubs, celui des Jacobins, avait déjà une influence extraordinaire ; il semblait à peine égaler l'ardeur
des passions. Un autre club, celui des Cordeliers, avait voulu rivaliser de violence
avec les Jacobins ; Camille Desmoulins en
était l'écrivain, Danton en fut le chef. Robespierre resta aux Jacobins, où il dominait
sans partage par le dogmatisme de ses opinions et par une certaine réputation d'inté-
grité qui lui valut le surnom d'*incorruptible*. C'est en face de cette rivalité que se cons-
titua le club des Feuillants, pour venir en
aide à la droite de l'Assemblée ; mais il n'eut
point d'écho dans les masses populaires,
désormais fascinées et comme enivrées par
le crime : c'est que la passion manque
aux réunions défensives ; l'offensive seule
groupe les factions.

Entre ces partis divers, il en apparaissait
un qui semblait s'être formé dans le Jacobinisme, si ce n'est qu'il formulait les violences en théories, comme s'il eût manqué
de courage pour les réaliser dans la pratique ; parti dogmatique qui se contenta de

dominer les centres avec les doctrines de la gauche, mais sans pouvoir contenir la gauche avec la force numérique des centres. Ce parti était celui des Girondins, remarquable par un certain enthousiasme de langage et une facilité d'éloquence qui eut alors son prestige et qui a gardé depuis quelque autorité; il rêvait la République avec tous ses prestiges, avec ses vertus et ses mœurs sévères. L'enthousiasme et la véhémence furent ses principaux caractères. Avec l'horreur du massacre, les Girondins servirent les meurtriers; avec l'amour de la liberté, ils constituèrent la tyrannie; avec la haine du régicide, ils tuèrent le roi. Le centre appartint à ce parti, ne pouvant plus appartenir au parti de l'ordre qui, tous les jours, s'épuisait; et par-là s'établit la domination absolue de la gauche. Par Vergniaud, Guadet, Gensonné et Huart, le centre toucha à Chabot, Bazire et Merlin de Thionville; terrible unité qui embrassa des volontés disparates, pour en faire une puissance d'où devait sortir plus tard la puissance formidable de la Convention. Inférieurs par le talent, ces trois derniers surpassaient les autres Girondins par l'audace; ils devinrent le parti de la Montagne, lorsqu'après le renversement du trône ils se séparèrent de la Gironde.

Alors régnait en despote une puissance toute noùvelle, c'était le journalisme. Ce forum public et quotidien des passions du peuple s'était ouvert avec la Révolution. Tous les esprits ardents s'y étaient précipités; Mirabeau lui-même avait donné l'exemple : en descendant de la tribune, il écrivait les *Lettres à mes Comettants*, ou le *Courrier de Provence*. Camille Desmoulins jetait dans ses feuilles l'agitation fiévreuse de ses pensées; c'était le génie sarcastique de Voltaire, descendu du salon sur les tréteaux. Brissot, Gorsas, Carra, Prudhomme, Fréron, Laclos, Danton, Fauchet, Condorcet, Hébert et Manuel rédigeaient des journaux démagogiques; on commençait à y demander l'abolition de la royauté, « le plus grand » fléau, disaient les *Révolutions de Pa- » ris*, qui ait jamais déshonoré l'espèce hu- » maine. » Marat semblait avoir absorbé en lui toutes les haines qui fermentent dans une société en décomposition; il s'était fait l'expression permanente de la colère du peuple; il écrivait avec de la bile et du sang, et, comme le premier Brutus, il contrefaisait peut-être le fou; mais ce

n'était pas pour sauver sa patrie, c'était
pour la pousser à tous les vertiges et pour
la tyranniser par sa propre démence. Chaque opinion, chaque parti, chaque faction ;
la colère, le soupçon, la haine, l'envie, le
fanatisme, la crédulité, l'injure, la soif du
sang, les paniques soudaines, la démence
et la raison, la révolte et la fidélité, l'éloquence et la sottise, avaient chacun leur
organe dans ce concert de toutes les passions civiles, et le peuple frémissait sous
l'impulsion diverse de ses conseillers d'a-
narchie. Le langage s'était transformé ; on
avait inventé une langue cynique, un style
à part pour égaler les frénésies de la pensée. Tout respirait ainsi le crime et la
folie.

IV

Mais les événements suivaient leur cours.
Dumouriez, caractère indécis, s'effraya,
comme tous ceux qui avaient quelqu'idée
d'autorité. Il eut des conférences secrètes
avec la reine, dont la pensée, plus péné-
trante que celle du roi, pressentait des jours
sinistres. Toutefois, les communications ré-
ciproques furent sans confiance. Dumouriez
épiait les événements et cachait ses pensées ;

il affecta de la sécurité, et la reine se rejeta vers d'autres espérances.

La coalition des rois était lente ; on eût dit que l'Europe contemplait ce vaste désordre sans le comprendre et peut-être même sans le maudire. L'empereur Joseph II était mort dans le délire d'innovations philosophiques ; il avait vu avec une insensibilité morne les désolations et les périls du trône où était assise sa sœur Marie-Antoinette. Rien n'avait mieux attesté combien la royauté avait perdu de ses élans chrétiens de chevalerie et d'amour. Tout semblait glacé en Europe. L'empereur Léopold II avait toutefois des inspirations meilleures ; mais la prudence manqua à sa politique ; et puis, il ne fit que passer sur le trône. Les autres cabinets épiaient les événements. Le roi de Suède, Gustave III, était le seul qui parût prompt à tirer l'épée ; aussi était-il à Paris un objet d'effroi. Tout à coup, on apprit qu'il avait été assassiné dans un bal masqué, la nuit du 16 au 17 mars 1792. Le nom du régicide, Ankarstroëm, vola en France comme un nom de libérateur.

Cet événement releva le courage des révolutionnaires ; car un moment ils avaient pu craindre une réaction royaliste. Ils re-

prirent une attitude menaçante et surent
même faire passer dans le peuple la fureur
qui les animait. L'enthousiasme parisien
devint une frénésie. On s'excitait au meurtre
par des fêtes d'un caractère théatral que
les anciennes mœurs n'avaient point connu.
Pendant ce temps-là, les discordes déso-
laient la France; le sang continuait de souiller les villes, et le meurtre même devenait
une fête. (1)

V

Cependant, le pouvoir s'était déplacé : le
club des Jacobins dominait l'Assemblée nationale ; la gauche régnait déjà par la terreur, et tout annonçait une insurrection
prochaine dans Paris. En même temps, une
autre-autorité se révélait ; c'était l'organi-
sation définitive du meurtre et du pillage.
Des milliers de bandits couraient les rues
dans un accoutrement abject et sauvage qui
leur fit donner le surnom de *sans-culottes*.
Eux-mêmes se paraient de ce titre avec or-

(1) On fit une fête à l'occasion de l'assassinat du
maire d'Etampes. Les meurtriers de ce magistrat, tué
dans une émeute, le 3 mars 1792, furent reçus au club
des Jacobins comme des patriotes persécutés.

gueil, à l'exemple des *gueux* de Hollande. On les avait armés de piques, de faux, de bâtons ferrés, de haches tranchantes, d'affreux coutelas. Tous obéissaient à un commandement hiérarchique et leur solde était régulière. Des affiliés d'une autre sorte, hommes ou femmes, étaient destinés aux tribunes de l'assemblée; et là, par leurs cris féroces, ils glaçaient le courage des gens de bien ou donnaient une popularité infernale à des motions de crime. Tels étaient les dominateurs formidables qui se levaient sur la France.

Il y avait, dans ces apparitions de bandits, des indices de préméditations sanglantes. On exaltait le peuple par d'atroces rumeurs; on lui parlait d'un comité autrichien prêt à le punir par le glaive. Et le peuple, comme toujours, se repaissait de ces murmures.

Tout, d'ailleurs, le disposait à la plainte. Les denrées étaient montées à des prix effrayants; l'argent avait disparu de la circulation. La Révolution y avait suppléé par des assignats qui avaient d'abord couru comme une monnaie; car le peuple croyait encore à la puissance de faire de l'or. Mais bientôt ils perdirent leur valeur, et la dé-

tresse reparut, et avec elle tous les soup-
çons. Le peuple ne voyait autour de lui que
des conspirateurs qui voulaient l'affamer.
Delà, des pensées de pillage : les boutiques
des épiciers furent assaillies ; et ces désordres conduisirent à des violences d'une
autre sorte.

La cour s'offrit surtout à l'imagination
du peuple comme la cause des souffrances
publiques ; et aussi, il faut le dire, les exci-
tations se multipliaient sous mille formes.
Des provocations effrénées étaient jetées
aux factions ; d'affreux libelles volaient
chaque matin dans Paris, accusant le roi
et la reine de vouloir faire égorger le peuple, et de la sorte s'allumaient les passions
les plus farouches.

Un député, nommé Ribbes, eut le courage de dénoncer à la tribune ces excita-
tions du crime. Le véritable comité autrichien, disait-il, c'est la faction d'Orléans,
qui a formé l'horrible complot d'égorger le
roi, sa famille et tous ceux qui veulent
la constitution. Il citait pour preuve les
voyages du duc d'Orléans et de Talleyrand
à Londres ; il dénonçait des écrits qui appelaient le roi M. *Veto;* la reine, *tigresse;* les gardes nationales, *les Assemblées du Champ-*

de-Mars ; et, enfin, il demandait un décret d'accusation contre le duc d'Orléans, Dumouriez et quelques autres. On se contenta de dire que Ribbes était fou, et l'on passa à l'ordre du jour.

VI

Journée du 20 *juin* 1792. — Le crime arrivait ainsi par degrés à son explosion. Les sans-culottes, se sentant maîtres dans la capitale, se lassèrent de vaines démonstrations dans les rues. Dans une réunion secrète tenue à Charenton, pour délibérer sur le prétexte, le plan et l'heure de l'insurrection, les principaux instigateurs de la journée du 20 juin imaginèrent de les présenter à l'Assemblée comme pétitionnaires. Ils n'avaient rien à demander ; mais ils voulaient faire acte de souveraineté en se montrant à la barre populaire.

« On voit assez par-là, dit M. Thiers, que
» l'intention véritable de ce projet était d'*ef-*
» *frayer* le château par la vue de quarante
» mille piques. » — « Les passions étaient
» diverses parmi les conspirateurs, dit M. de
» Lamartine, l'impatience était la même.
» Ceux-ci voulaient effrayer, ceux-là vou-

» laient frapper, tous voulaient agir. Une
» fois le peuple lancé, il s'arrêterait où vou-
» drait la destinée. Pas de scrupule dans une
» réunion présidée par Danton. En deux
» mots, Danton indiqua le but, Santerre
» les moyens, Marat l'atroce énergie, Ca-
» mille Desmoulins la] gaîté cynique du
» mouvement projeté, tous la résolution
» d'y pousser le peuple. La carte révolu-
» tionnaire de Paris fut dépliée sur la table.
» Le doigt de Danton y traça les sources,
» les affluents, le cours, le point de jonc-
» tion des rassemblements. La place de la
» Bastille, immense carrefour sur lequel
» débouchaient, comme autant de fleuves,
» les nombreuses rues du faubourg Saint-
» Antoine, fut le rendez-vous assigné aux
» rassemblements et le point de départ des
» colonnes, qui devaient être divisées en
» trois corps. Quant à l'ordre de la marche,
» aux costumes hideux, aux drapeaux san-
» glants, aux propos forcenés qui devaient
» signaler l'apparition de cette armée des
» faubourgs dans les rues de la capitale, les
» conjurés ne prescrivirent rien. Le désor-
» dre et l'horreur faisaient partie du pro-
» gramme. Ils s'en rapportèrent à l'inspira-
» tion de la foule et à cette rivalité de cy-

» nisme qui s'établit de soi-même dans de
» telles agglomérations d'hommes. Danton
» le savait, et il y comptait. »

On vit donc arriver vingt mille environ de
ces pétionnaires, marchant par divisions.
L'une, armée de baïonnettes et de sabres,
avait à sa tête le fameux Santerre, l'un des
chefs jacobins de la garde nationale ; l'autre, formée d'hommes du peuple, sans armes, ou armés seulement de piques et de
bâtons, obéissait à Saint-Huruge, marquis
aventurier, devenu démagogue à force de
vice et d'infamie ; et la troisième, véritable
horde, pêle-mêle confus d'hommes en haillons, de femmes et d'enfants, suivait en désordre une jeune femme, vêtue en homme,
un sabre à la main, un fusil sur l'épaule et
assise sur un canon traîné par des ouvriers
aux bras nus : c'était la Théroigne de Méricourt, *la belle Liégeoise,* cet être fantasti-
que qui avait déjà paru dans les mystères
sanglants du 6 octobre 1789.

Ces bandes ignobles chantaient leur chanson de mort ; « la musique militaire, dit M. de
» Lamartine, faisait retentir l'air cynique et
» atroce de *Çà ira,* cette Marseillaise des
» assassins. » Au milieu d'elles s'élevait
une pique portant au bout de son fer, en

guise d'étendard, les lambeaux d'une culotte de soie noire avec cette inscription :
Tremblez, tyrans ! voici les sans-culottes !

Tout fuyait ou tremblait à l'aspect de cette troupe barbare. La garde nationale se croisait avec elle dans les rues et la laissait s'avancer triomphante : on eût dit des soldats en faction devant une salle de spectacle, regardant les apprêts d'un combat simulé pour la scène. Et les bandits s'en allèrent librement étaler leurs hideux emblèmes devant les députés de l'Assemblée nationale, qui purent comprendre dès lors que la Révolution était ailleurs que dans leurs lois et dans leurs réformes. Il était midi.

Malgré la courageuse opposition du député Ramond, une députation de sans-culottes pénètre dans la salle des séances, conduite par Gonchon, orateur du faubourg Sainte-Antoine, qui harangue les députés pendant une heure. A l'issue de ce discours, toute la bande témoigne sa joie féroce par des danses sauvages et par ces airs démagogiques qui appellent aux massacres, en vomissant mille imprécations contre le roi. Le cortége défile ensuite au milieu des applaudissements de l'Assemblée. Toutefois, les plus audacieux étaient glacés par ce spectacle terrible, et le président, François de Nantes, avait levé la séance, comme pour soustraire l'Assemblée à de si violentes émotions.

De là, les sans-culottes se portèrent au château des Tuileries. Aucune défense n'était préparée. Environ deux cents gentilshommes, ayant à leur tête le vieux maréchal de Mouchy, étaient accourus au premier bruit des dangers du roi. C'étaient des vétérans volontaires du vieil honneur français, plus que des défenseurs utiles de la monarchie; mais on crut leur présence funeste, et on les éloigna comme on avait éloigné les Suisses, pour prévenir les clameurs et dissiper les ombrages qui s'élevaient déjà contre ces troupes fidèles.

Cependant, on avait fermé les premières portes des appartements royaux; mais les sans-culottes montaient le grand escalier, portant sur leurs épaules un canon chargé à mitraille, qu'ils allèrent déposer dans la salle des gardes. En un instant, les cours, les escaliers, les salles, les corridors sont inondés des flots de cette populace. Toutes les portes s'ébranlent ou tombent sous les épaules ou sous les haches de cette multitude. Elle cherche à grands cris le roi ; elle demande la reine, en vociférant d'atroces imprécations, en l'appelant des noms les plus outrageants pour une femme, pour une reine. L'épouvante était au comble; les serviteurs, effrayés, fuient de toutes parts; la famille royale tremble d'effroi en entendant les hurlements du peuple et le fracas des portes qui se brisent ou qui tombent sur les parquets; Louis XVI seul gardait sa sérénité. Au premier coup de hache donné sur la porte qui le séparait de la foule, il accourt pour l'ouvrir, et, en même temps, il lève son chapeau devant l'immense cohue, en criant : *Vive la nation !* Ce sang-froid, la sérénité du monarque, ce respect de tant de siècles pour la personne sacrée du roi étonnent les furieux et suspendent leur colère. Ils semblent maintenant hésiter à franchir le seuil qu'ils voulaient forcer.

L'horrible *nation* entra de la sorte dans le palais des rois de France. Trois étendards s'élevaient du milieu de ces flots immondes : l'un représentant une machine nouvellement inventée pour les supplices, qu'on appelait *guillotine,* du nom de son inventeur, *ami des hommes,* portait en inscription : *Pour le tyran;* le second représentait une femme à une potence, avec ces mots : *Pour Antoinette;* le troisième, plus hideux encore, portait un lambeau de chair, façonné en forme de cœur et cloué à une planche, avec ces mots : *Pour les prêtres et les aristocrates.* Jamais révolution n'avait révélé ses desseins avec autant d'impudence; le crime se dénonçait lui-même.

Les bandits voulaient des meurtres; ils proféraient des paroles de carnage; mais, chose étonnante, la facilité même de faire le crime les désarma. Ils arrivaient en menaçant la reine ! « Il faut égorger la reine ! » criaient-ils; où est la reine ? Il nous faut » la tête de la reine ! » Alors se vit un acte de dévouement sans exemple dans l'histoire des peuples. Madame Elisabeth, sœur du roi, se précipite au-devant des forcenés : « Voilà la reine ! » s'écrient quelques femmes des faubourgs. Ce nom, dans un pareil moment, était un arrêt de mort. « Non, » ce n'est pas la reine, dit un officier du pa- » lais qui s'était élancé entre elle et les » bandits; c'est madame Elisabeth ! res- » pectez madame Elisabeth ! — Ah ! que » faites-vous ? s'écrie douloureusement » la princesse; pourquoi leur ôter cette er-

» reur ? » Cet admirable dévouement, l'histoire est tentée de dire ce miracle, glace les veines des scélérats ; ils paraissent interdits en voyant tant de magnanimité dans une femme.

La multitude alors se presse autour du roi et le couvre d'insultes ; il était calme au milieu de ces bandes hideuses. « Faites de » moi ce que vous voudrez, disait-il, mon » âme est en paix ! »

Le crime restait comme atterré ! mille cris s'élevaient ; on demandait la mort, et nul n'osait la donner. Louis XVI, par sa sérénité, déconcertait ces âmes féroces. Quelqu'un lui présenta un bonnet rouge au bout d'une pique ; c'était peut-être une inspiration de bienveillance ; et Louis XVI, le bonnet rouge sur la tête, restait paisible comme s'il eût été là pour entendre les réclamations d'un peuple soumis.

De son côté, la reine, retenue par ses enfants dans la chambre du lit, se livrait au désespoir. Elle voulait courir auprès du roi : « Ma place est auprès du roi ! criait- » elle ; laissez-moi mourir avec le roi ! Que » ma sœur ne lui serve pas seule de dé- » fense ! » — « Votre place est auprès de » vos enfants ! » lui répondait-on ; et on l'arrêta dans cette chambre, derrière un rempart de tables et de chaises.

Bientôt la reine se voit elle-même environnée des dangers les plus pressants ; sa porte, assiégée par les bandits, cède à leurs coups redoublés. Le crime va être consommé, lorsque le chevalier de Rougeville arrive avec trente grenadiers des Filles-Saint-Thomas ; il culbute les brigands, place Marie-Antoinette derrière une longue table massive et la défend contre les assaillants. La reine demeura plusieurs heures entourée de ces furieux, sans que son courage et sa contenance parussent ébranlés un seul instant ; elle répondait avec dignité à toutes les apostrophes outrageantes qu'on lui adressait à travers les baïonnettes des grenadiers.

C'était un spectacle atroce. Les cris, les pleurs, les menaces, le piques et les sabres en l'air, les emblèmes de mort, les sans-culottes qui se pressent et se renversent, qui épient des victimes en hurlant ; le maire Pétion, le dieu du jour, l'homme du peuple, le roi de Paris, qui se mêle à la populace ; Santerre, qui rugit ; le boucher Legendre, qui pérore ; tout cela faisait une excitation progressive qui, à chaque moment, semblait devoir arriver à quelque grand forfait.

Dans les cours, la masse des bandits se lassait d'attendre. Il leur fallait la tête du roi et de la reine ; ils étaient pressés. De sinistres dialogues s'établissaient entre les séditieux d'en haut et les impatiens d'en bas. Les battements de mains, les bravos, les éclats de rire de la foule extérieure encourageaient les assaillants. « L'a-t-on » frappé ? Est-il mort ? Jetez-nous les » têtes ! » criaient des voix. — Des membres de l'Assemblée, des journalistes girondins, des hommes politiques, Garat, Gorsas, Marat, mêlés à cette foule, échangeaient des plaisanteries sur ce martyre de honte imposé au roi. Un moment, le bruit courut qu'il était assassiné. Il n'y eut pas un cri d'horreur dans cette multitude. Elle leva les yeux vers le balcon, pour voir si on lui montrait le cadavre. A chaque moment, l'horrible scène était ainsi ranimée ; et le roi ne se défendait que par son immobilité, adressant néanmoins quelques paroles de douceur et de courage au peuple, lui témoignant une confiance de roi, comme il eût fait au vrai peuple de France.

Cette situation dura plusieurs heures. Enfin, quelques pelotons de garde nationale percent au travers de cette forêt de piques ; quinze grenadiers, conduits par des Aubiers, arrivent au moment où Louis XVI, réfugié dans l'embrâsure d'une fenêtre de l'œil-de-bœuf, opposait un courage intrépide aux menaces les plus atroces. Sa contenance ne décélait aucune émotion. Tout à coup un des gardes nationaux se précipite et détourne le coup de sabre qu'un mulâtre lançait sur le visage du monarque. Le maire Pétion paraît alors devant le roi : « Sire, vous n'avez rien à craindre, lui » dit-il. — Rien à craindre ! répond le roi ; » ma conscience est pure. Il n'y a que ceux » qui ont la conscience troublée qui ont » peur. » Et, saisissant vivement la main du grenadier Guibout, il la posa sur son cœur : « Mon ami, voyez si j'ai peur, lui dit-il, » et si mon cœur est agité. »

Un homme en haillons, tenant une bouteille à la main, s'approcha du roi et lui dit : « Si vous aimez le peuple, buvez à » sa santé ? » Les personnes qui entouraient le prince, craignant le poison autant que le poignard, conjurèrent le roi de ne pas boire. Louis XVI tendit le bras, prit la bouteille et but à la nation. On cria alors : *Vive le roi!* et ces cris allèrent contenir les groupes qui attendaient en bas une victime et qui apprenaient un attendrissement des bourreaux.

A force de calme, le monarque vainquit les scélérats. Quelques députés royalistes, guidés par leur dévouement, étaient accourus au château pour interposer leur autorité; la garde nationale arrivait aussi de tous les quartiers; le ministre de la guerre Lajard était à la tête d'un bataillon; sa présence suffit pour contenir les sans-culottes, qui, dociles à la voix de Santerre, regagnèrent les faubourgs, laissant le château dans une dévastation complète. Le défilé de ces hordes barbares dura deux heures.

Ainsi finit le 20 juin, qui fut une des fameuses journées de la Révolution. Louis XVI y déploya un courage majestueux, une héroïque intrépidité dans la résignation, dont les hommes de toutes les opinions furent profondément touchés. Pendant cinq heures de supplice, il avait vu sans pâlir les piques et les sabres d'une immense cohue passer à quelques doigts de sa poitrine; il avait déployé dans cette lente revue de la sédition plus d'énergie et couru plus de périls qu'il n'en faut à un général pour gagner dix batailles. Il n'y eut en ce jour d'autre crime commis que cette violation effroyable du palais, les horribles menaces de mort et ces dégoûtantes profanations de la royauté. Un historien, Dulaure, témoin de ces atrocités, les a racontées de nos jours avec une ironie où l'on croirait voir nous ne savons quel goût secret pour le crime. Il termine ainsi son récit : « A huit heures du » soir, enfin, cet *importun* et dangereux » rassemblement évacua les Tuileries. » C'est comme un regret de voir le crime inachevé ! « Que j'aurais voulu voir sa longue » humiliation, et combien son orgueil a dû » souffrir, » s'écria madame Roland, en parlant de Marie-Antoinette. Ce mot était un crime de la politique contre la nature. Madame Roland le pleura plus tard ; elle en comprit la cruauté le jour où des femmes féroces firent leur joie de son supplice et battirent des mains devant la charrette qui la conduisait à l'échafaud.

VII

Cette journée insurrectionnelle jeta la terreur dans toute la France et révolta surtout l'armée. Il n'était plus possible de se faire

illusion sur le but réel de la Révolution.
« Parmi les pétitionnaires et les meneurs,
» dit Rœderer, quelques uns voulaient pour
» roi le duc d'Orléans. Pendant la Conven-
» tion, ajoute-t-il, le boucher Legendre dé-
» clara à Boissy d'Anglas, de qui je le tiens,
» que le projet était de tuer le roi. » Louis XVI
fit une proclamation que le ministre de l'intérieur, Terrier de Monciel, ne craignit pas
de contresigner ; elle était éloquente et courageuse : c'était comme un défi porté aux
scélérats. Plus de vingt mille citoyens de Paris signèrent une protestation. « Nous vous
» demandons, disaient-ils à l'Assemblée,
» de développer toute l'énergie de votre
» zèle pour laver la nation de la honte qui
» lui serait imprimée par les attentats d'une
» troupe de brigands. » Lafayette, campé
alors sous le canon de Maubeuge, vint en
personne, le 28 juin, accuser à la barre les
Jacobins et les Girondins. Il demandait « que
» les instigateurs et les chefs des violences
» du 20 juin fussent poursuivis et punis
» comme criminels de lèse-nation, et que
» l'on détruisit la secte qui envahissait la
» souveraineté nationale, tyrannisait les ci-
» toyens et nourrissait des desseins atro-
» ces. » Vains efforts ! Le crime était maître,

et ceux qui l'avaient déchainé ne pouvaient espérer de le dominer dans les orgies de sa victoire.

L'Assemblée nationale était emportée comme tout le reste. La fureur dictait des lois. Les modérés, pour avoir quelque action au milieu de ce grand désordre, étaient obligés de prendre part à la frénésie ; et, dans cette excitation violente, nul événement n'était jugé avec calme. A chaque accident survenu dans la politique, il se faisait une explosion désordonnée qui n'était pas de l'enthousiasme, mais du délire.

La pensée de la guerre s'ajoutait à ces causes d'exaltation. L'aspect de l'Europe en armes et celui de l'émigration mêlée aux armes de l'Europe, double danger qui eût dû être étudié de sang-froid, produisit une de ces démonstrations exagérées où le sentiment de la peur se transforme aisément en excitation furieuse. Le duc de Brunswick, à la tête des armées prussiennes, semblait devoir menacer Paris. Plus cette pensée avait jeté d'effroi, plus l'immobilité du souverain rendit de courage. Pour animer le peuple à sa propre défense, on proclama, le 11 juillet, sur la proposition du député Vergniaud, *la patrie en danger*. Ces mots, devenus depuis si célèbres, se répandirent dans les quatre-vingt-trois départements, aussi rapides que l'étincelle électrique et provoquèrent le départ de nombreux bataillons de volontaires bien décidés à vaincre ou à périr.

Dès cet instant, les séances de l'Assemblée nationale furent déclarées permanentes; des coups de canon, tirés de moment en moment, annonçaient au peuple de Paris cette grande crise; toutes les municipalités, tous les conseils de districts et de départements siégèrent sans interruption; toutes les gardes nationales se mirent en mouvement. Des amphitéâtres étaient dressés au milieu des places publiques, et des officiers municipaux y recevaient sur une table, portée par des tambours, le nom de ceux qui venaient s'enrôler volontairement: les enrôlements s'élevèrent, à Paris, jusqu'à quinze mille dans un seul jour!

VIII

Mais, tandis qu'on enrôlait les vaillants pour la guerre étrangère, les bandits s'enrôlaient pour la guerre intérieure, c'est-à-dire pour le pillage et le massacre. Paris devint le rendez-vous des hommes les plus pervers, que les clubs jacobins du royaume y envoyèrent pour célébrer le troisième anniversaire du 14 juillet. Alors la population changea d'aspect. Il accourut aussi du Midi des restes de ces bandes atroces qui s'étaient exercées au meurtre, sous la conduite de Jourdan *Coupe-Tête*. On donna à ces forcenés le nom de *Marseillais*, nom qu'ils ne méritaient pas; car Marseille, divisée en partis comme toutes les cités, n'avait pas cependant nourri dans son sein ces hordes qui n'appartenaient à aucune patrie. Elles arrivèrent à Paris le 30 juillet, au nombre de quinze cents environ. Barbaroux, qui avait promis au comité insurrectionnel la coopération de ses *Marseillais*; Bourdon-de-l'Oise, Merlin, Santerre, s'étaient rendus au devant d'eux à Charenton, accompagnés de quelques hommes d'action des Jacobins et des faubourgs. Partout, sur leur passage, ils avaient été fêtés par les populations et enivrés d'enthousiasme et de vin dans des banquets patriotiques. Ils étaient entrés dans les villes et dans les villages sous des arcs de triomphe. A voir leurs figures hâlées, leurs physionomies farouches, leurs yeux de feu, leur coiffure phrygienne, leurs armes bizarres,

leurs langages étrangers, mêlés de jurements et accompagnés de gestes féroces,
on eût dit que l'idée révolutionnaire s'était
faite homme et qu'elle marchait, sous la
figure de cette horde, à l'assaut des derniers débris de la royauté. L'appel de ces
hommes féroces à Paris était une pensée
de madame Roland, dit M. de Lamartine,
qui, de concert avec Barbaroux et Rebecqui, prenait sur elle-même la responsabilité des événements et préparait la
journée suprême de la monarchie.

Sous le nom de *Marseillais* s'étaient associés les scélérats de tous les pays ; leurs
principaux chefs connus furent Fournier
l'Américain et le fameux polonais Lazouski ;
mais les chefs véritables étaient Barbaroux et Rebecqui ; ce dernier les avait
même recrutés à Marseille, de concert avec
Barbaroux. On en fit un corps régulier
pour le crime ; on les caserna à Paris. Un
officier du génie, Rouget de l'Isle, doué
d'une verve poétique fort remarquable,
leur fit une chanson dont il composa lui-
même la musique et qu'on appela l'*Hymne
des Marseillais ;* hymne funèbre qui devint
le chant patriotique de la Révolution française, « mais qui fut aussi, dit M. de La-

» martine, l'imprécation de la fureur. » Il conduisit nos soldats à la frontière et nos bataillons à la victoire ; mais il accompagna les victimes à l'échafaud et devint ¡ainsi l'hymne de la terreur : tant il était devenu difficile, en ces temps de trouble et d'enthousiasme, de séparer le crime de la gloire.

Paris, livré à cette exaltation frénétique, devint un séjour de tempête. La garde nationale était impuissante à dominer les lois ; l'instinct de la conservation l'inspirait toutefois ; mais la face des événements la précipitait. Elle eut à lutter contre les Marseillais, qui commencèrent de la sorte à s'exercer aux attentats ; ils avaient trouvé des auxiliaires naturels dans la canaille de Paris. Le meurtre excitait des transports de joie, et ainsi les classes moyennes, qui avaient appelé une révolution dans les classes élevées, commençaient à être en butte à une révolution nouvelle qui ne supportait pas davantage l'inégalité injurieuse de la bourgeoisie.

Des pensées de résistance entraient néanmoins dans les esprits, mais s'en échappaient aussitôt comme des pensées funestes. Les volontés étaient glacées ; la consternation régnait aux Tuileries. On avait encore proposé la fuite à la cour. « Pouvons-nous fuir? » répondit la reine. Et puis, cette idée de fuir répugnait à une âme superbe. « La belle chose, disait-elle, » que de s'embarquer sur quelque bateau » pêcheur, pour aller faire le roi Jacques je » ne sais où ! » La résistance à main armée n'était pas moins chimérique. L'enthousiasme n'était que dans les âmes éprises des grands forfaits ; les autres étaient captivées par l'effroi.

Ainsi, la Révolution était maîtresse. Ce n'était plus une révolution réglée, mais une révolution aveugle et tumultuaire. Pour la maîtriser, il eût fallu un héros, et la monarchie n'avait qu'une victime.

Cependant, quelques hommes de bien cherchaient à s'opposer au torrent. Le dévouement survivait encore. On multipliait les plans et les conseils ; mais, en communiquant à Louis XVI tant d'inspirations contraires, en l'assiégeant de conseils, on ne faisait souvent qu'augmenter ses angoisses. Et ce prince malheureux, frappé de la raison des uns, entraîné par la passion des autres, tourmenté de craintes sur le sort de sa famille, agité par les scrupules de sa conscience, hésitait entre mille projets divers et voyait arriver le flot populaire, sans oser le braver ni le fuir. D'ailleurs, son esprit sensé, mais timide, n'osait pas s'aventurer en des entreprises douteuses; on l'eût cru enchaîné à sa destinée. Ainsi, le crime avait sa liberté, et, dans ce vaste désordre, la violence put ressembler quelquefois à une fatale justice.

D'Espréménil, un des grands agitateurs de 89, s'était séparé d'une cause qui ne pouvait plus se défendre que par le meurtre. Il avait commencé par être populaire, il finit par être odieux à la nation. La Révolution ne souffrait pas qu'on lui fût infidèle. Il fut un jour rencontré sur la terrasse des Feuillants par des groupes de peuple qui l'insultèrent et le désignèrent à la fureur des Marseillais. Atteint de plusieurs coups de sabre, abattu sous les pieds des assassins, traîné tout sanglant par les cheveux dans le ruisseau de la rue Saint-Honoré, vers un égout, on allait l'y jeter, lorsque quelques gardes nationaux l'arrachèrent aux mains des meurtriers et le portèrent au poste du Palais-Royal. La foule, altérée de sang, assiégeait les portes du corps-de-garde. Pétion, averti, accourut, et, contemplant longtemps en silence l'infortuné d'Espréménil, étendu sur un lit de camp, il ne put s'empêcher de témoigner de l'émotion à l'aspect de cette instabilité de la fureur populaire. « Et moi aussi, monsieur » Pétion, s'écria d'Espréménil, j'ai été » l'idole du peuple. Il m'a donné des cou- » ronnes ; j'étais le plus ferme soutien de » ses droits ; vous voyez comme il me » traite ! Puisse-t-il vous réserver un au- » tre sort ! » Nul séditieux, en aucun temps, n'échappa à ces retours ; c'est la loi éternelle des révolutions. Peu après, le jeune magistrat périssait sur l'échafaud, pêle-mêle avec les Jacobins, et accusé, comme eux, d'avoir conspiré contre l'unité de la république ; et Pétion, proscrit, fugitif, désespéré, s'arrachait lui-même la vie, près de Bordeaux, et son corps devint la proie des bêtes fauves.

IX

Journée du 10 août 1792. —Cependant la faction d'Orléans, à qui le 20 juin n'avait point servi, aspirait à des crimes plus utiles. Le duc d'Orléans avait furtivement quitté Paris et s'était retiré en Angleterre ; on le fit reparaître. A défaut de courage, il offrait de l'or ; l'or paya donc les attentats. Les Jacobins, avec leur vaste système d'affiliation, avaient obtenu de diverses villes de France des demandes de déchéance contre Louis XVI. Déjà l'Assemblée nationale avait délibéré plusieurs fois sur les pétitions. Brissot, un des instruments du duc d'Orléans, les avait appuyées ; Duhem était revenu sur cette question ; et à mesure que les passions extérieures mugissaient, l'Assemblée se laissait aller à des vœux atroces, pour n'être pas en arrière du mouvement. Enfin, Pétion, maire de Paris, était venu à la barre de l'Assemblée nationale tracer un tableau accusateur de la conduite du roi ; il avait proposé sa déchéance, au nom des quarante-huit sections de Paris, et l'établissement d'un ministère responsable jusqu'à la convocation d'une Convention nationale.

A ces premières démonstrations de révolte constitutionnelle, l'audace populaire s'accrut. Les pétitionnaires de Paris se précipitèrent, selon leur coutume, soutenant leurs vœux par des imprécations et par un appareil terrible. L'Assemblée entendit un rapport de Condorcet, qui restait indécis sur cette redoutable question : on eût dit qu'il y avait encore quelque chose qui se remuait dans les cœurs, lorsqu'on parlait de jeter à bas ce vieux trône de France déjà démoli par sa base.

Mais d'autres destructeurs plus impitoyables allaient venir avec leur âme de fer et leur brutalité sans remords. Une immense insurrection avait été préparée par un directoire secret composé des membres les plus impétueux du comité central des fédérés, qui se tenait sous les auspices et dans la salle des Jacobins. Les principaux instigateurs de cette Journée, qui devait être le dernier jour de la monarchie française, jour immortel entre tous les jours de crime et de malheur, furent Fournier l'Américain, Westermann le Prussien, Lazouski, Santerre, les journalistes Gorsas et Carra, Camille Desmoulins; noms terribles, qui attestent avec quelle facilité les révolutions échappent au génie pour échoir à la méchanceté farouche et grossière. Le meurtre était la dernière raison de la politique; leur opinion prévalut, et l'attaque du château fut publiquement fixée au 10 août.

La Journée du 10 août ne fut donc pas un accident, mais un complot. Le directoire secret ne faisait pas d'ailleurs un mystère d'un plan qui allait réaliser les vœux de la tribune nationale ; deux officiers municipaux avaient même été assez hardis pour faire distribuer publiquement des cartouches aux conjurés, qui savaient que cette formidable émeute menaçait directement le château, et que c'était le roi en personne qu'on voulait frapper.

Le tocsin sonna dans la nuit. A cette voix sinistre, Paris se remplit d'agitation et d'épouvante. Le corps municipal fut changé violemment par les sections ; Manuel, Danton, Tallien, Collot-d'Herbois, Chaumette, en usurpèrent les fonctions et demeurèrent en permanence. Ce fut cette nouvelle municipalité qui devint, dès onze heures du soir, le comité directeur des mouvements du peuple et, pour ainsi dire, le gouvernement de l'insurrection.

Cependant la cour cherchait des moyens de défense ; mais tout lui échappait. Elle appela Pétion ; et Pétion, le complice des conjurés, ne lui apporta que des paroles lâches et impuissantes. Le commandant-général de la garde nationale, Mandat, homme de tête et de cœur, paraissait disposé à venger les lois ; à quatre heures du matin, la nouvelle municipalité le somme

de comparaitre à l'hôtel-de-ville pour y
rendre compte de l'état du château et des
mesures qu'il avait prises pour maintenir
la sûreté de Paris. Il s'y rend, ignorant que
la municipalité, changée durant la nuit,
n'était plus qu'un comité d'insurrection; et
lorsqu'après l'avoir entendu, l'Assemblée
ordonne de le conduire à l'Abbaye, Danton
fait un geste sinistre qui devient un arrêt
de mort. Le malheureux commandant est à
peine sorti de la salle du conseil, qu'il est
renversé mort d'un coup de pistolet; les
piques et les sabres l'achèvent. La populace
s'empare de son cadavre; on le met en
pièces; puis, on le jette dans la Seine, où
tant d'autres victimes allaient bientôt le
suivre.

Cette nouvelle, apportée à la cour par
l'aide-de-camp de Mandat, répandit la
consternation au château et l'hésitation
dans la garde nationale. Le commandant-
général avait laissé un triple service de
gardes nationaux pour la défense des Tuileries; ils étaient au nombre de dix-huit
cents; quelques volontaires étaient accourus. Neuf cents Suisses étaient prêts à mourir à leur poste; trois cents gentilshommes
s'étaient armés à la hâte de leur épée; plu-

sieurs même étaient en habit de cérémonie;
vains secours contre contre des masses furieuses.

Dès six heures du matin, le roi, la reine,
madame Élisabeth, descendirent dans les
rangs de la garde nationale pour animer
leur fidélité; mais la parole était sans élan.
On aurait voulu que le roi parût le sabre à
la main, comme un homme bouillonnant
d'ardeur et résolu à mourir. « Sire, lui dit
» la reine avec énergie, c'est le moment de
» vous montrer. » On assure même qu'ar-
rachant un pistolet de la ceinture du vieux
d'Affry, elle le présenta vivement au roi.
Louis XVI parut, au contraire, en habit négligé, avec une chaussure de cour, le chapeau sous le bras et les yeux pleins de
larmes. « Eh bien ! Messieurs, on dit qu'ils
» viennent, disait-il; je ne sais pas ce qu'ils
» veulent, mais je ne me séparerai pas des
» bons citoyens; ma cause est la leur. Pour
» cette fois, ajouta-t-il, je consens que mes
» amis me défendent; nous nous sauverons
» ou nous périrons ensemble. » C'étaient
de touchantes paroles; mais elles étaient
sans puissance. Les âmes restèrent en proie
à des émotions contraires : l'amour, la pitié,
la terreur se combattaient. La fureur du

petit nombre domina l'opiniâtreté du plus grand ; tout annonçait une journée fatale.

Sur ces entrefaites, Paris s'ébranlait. Westermann et Santerre, l'un farouche, l'autre lâche, remuaient le faubourg Saint-Antoine, qui se levait avec ses bandes hideuses à voir. Les Marseillais et les Bretons se joignirent à cette troupe sinistre. La garde nationale, appelée aux Tuileries, hésitait en présence de ces masses prodigieuses ; elle finit par se mêler dans leurs rangs ; le désordre était immense.

L'Assemblée nationale, avec ses orateurs et ses politiques, était faible et petite, et à peine aperçue dans ce grand ébranlement d'une populace avide de sang. Le ministre de la justice, Joly, fit la proposition d'envoyer, comme au 20 juin, une députation pour protéger la royauté par sa présence. L'Assemblée resta inerte et glacée ; elle sentait son impuissance devant des événements de cette sorte.

Déjà le Carrousel était envahi par des multitudes armées de piques, chantant la *Marseillaise* et le *Ça ira*, et criant : *Vive la nation !* Alors commencèrent des scènes lamentables. Vers huit heures, Rœderer, procureur-syndic de la Commune, s'était rendu aux Tuileries avec la municipalité, apportant des conseils funestes, et disant que les prêtres précipitaient le trône.

Le mot de déchéance avait été déjà proféré aux oreilles de Louis XVI. Le malheureux monarque semblait accepter toute sa destinée; Marie-Antoinette la repoussait, au contraire, avec une superbe énergie. Un officier municipal monta au conseil où était le roi avec sa famille. « Que veulent-ils, » dit Joly, ministre de la justice? — La déchéance, répondit l'officier. — Que l'Assemblée la prononce donc, répliqua le » ministre. — Et que deviendra le roi, s'écria la reine?» Toute parole de concession la faisait frémir; mais, de même que le roi, elle était vaincue par une sorte de fatalité.

Nulle défense n'était possible. La stupeur était dans le palais. Quelques amis se pressaient autour du monarque, armés au hasard. Toute résistance devait seulement hâter les derniers crimes. La mort menaçait la famille royale tout entière. Il fallut entendre encore les propositions de fuite. Alors Rœderer parla de se sauver au sein de l'Assemblée nationale, représentant cette démarche comme le seul moyen d'éviter un désastre incalculable; mais c'était aller s'engloutir dans la souveraineté du peuple, comme dans un gouffre. Le roi était immobile et dévoré d'angoisses; la reine était comme un lion enchaîné. « Je » me ferai clouer aux murs du château, » criait-elle, plutôt que d'en sortir ! » Le roi ne répondait pas. Rœderer insiste : « Vous » voulez donc, Madame, vous rendre res- » ponsable de la mort du roi, de votre fils, » de Madame, de vous-même et de toutes » les personnes qui sont ici pour vous dé- » fendre ! » Le péril était grand, en effet, même pour Rœderer, peut-être; car en ces moments de crimes, s'abstenir de crime était fatal. Rœderer, enfin, entraîna le roi, dont la volonté semblait anéantie; et la reine, désespérée et vaincue, laissa échapper ces paroles à demi-étouffées : « Quelle » lâcheté ! »

La mort eût mieux valu sans doute. La royauté s'en alla expirer aux pieds de la tribune populaire, sans pouvoir échapper toutefois aux calamités qu'on voulait fuir. Nous ne saurions dire toutes les atrocités qui suivirent le départ du roi et de sa malheureuse famille. L'insulte les accompagna. La reine, surtout, eut à dévorer des outrages. Les brigands ne savaient pas même respecter une femme. La multitude se pressait rugissante autour des captifs, en proférant les cris les plus atroces, les menaces les plus abominables. Toutefois, il y eut d'étonnants mélanges dans cet appareil de brutalités sauvages. Un sapeur, nommé Rocher, chef ordinaire des tumultes dans la cour du manége, après avoir adressé de dures paroles au roi, se saisit du Dauphin que la reine conduisait par la main. La reine poussa un cri d'effroi. « N'ayez » pas peur, lui dit cet homme ; je ne veux » pas lui faire du mal ! » Rocher le porta dans ses bras au milieu des obstacles de la foule, et il alla ainsi le déposer sur le bureau de l'Assemblée. C'était peut-être une bonne action qu'il couvrait de semblants de férocité.

Mais, tandis que l'Assemblée recevait, vers huit heures du matin, avec un étonnement mêlé d'épouvante, les hôtes imprévus que lui amenait Rœderer, les Tuileries étaient un théâtre de scènes épouvantables. L'immense cohue de bandits s'était précipitée sur les soldats qui gardaient le château. Des deux côtés on ignorait que le roi s'était enfui. Le désordre était extrême et le combat des plus meurtrie:s. Les femmes couraient échevelées dans les salles, ne trouvant point d'issue pour fuir ; les cours étaient inondées de flots de combattants.

La populace provoquait des luttes pour avoir une occasion de tuer. Un instant on crut que les Suisses, défenseurs de l'intérieur des Tuileries, allaient fraterniser avec elle; mais des sans-culottes arrivent au pied du grand escalier, et, avec de longs crochets de fer, ils s'emparent de cinq sentinelles Suisses et les égorgent sans pitié. Ce fut le signal d'une lutte atroce. Les Suisses, ainsi provoqués, songent alors à la défense. Des coups de fusils remplissent le palais d'épouvante. Les assaillants sont dispersés; le capitaine Durler, à la tête de deux cents hommes, balaie le Carrousel. Les canonniers abandonnent leurs pièces et sont entraînés eux-mêmes dans la panique générale. Au même moment, un détachement des grenadiers des Filles - Saint - Thomas, commandés par La Chesnaye, franchit le guichet du Pont - Royal et balaie le quai. Du côté de la place Louis XV, le combat était terrible. Trois cents Suisses faisaient un feu roulant sur environ dix milles hommes, et, de toutes parts, les flots

de cette multitude insurgée refluaient jusqu'aux extrémités de leurs faubourgs ; car
la terreur entrait aisément dans ces âmes ;
l'impunité seule était leur courage. La plupart même, aveuglés par la peur, allèrent
se précipiter dans la Seine.

Revenus de leur première frayeur, des
flots de bandits débouchent par plusieurs
ponts à la fois ; les sans-culottes envahissent
de nouveau le palais, en chantant le *Ça ira !*
Le combat recommence alors avec une furie
inexprimable. La légion des Marseillais (1),
qui faisait tête de colonne, est anéantie
sous le feu des Suisses et par le fer des officiers volontaires que conduit l'intrépide
Précy. Les autres sont encore repoussés.

Les balles des combattants vont frapper
contre les croisées de la salle des séances
et jettent l'effroi parmi les députés. La réunion de ces législateurs, pâles sur leurs
bancs, présente un aspect à la fois terrible
et grotesque. Ces hommes, insolents en-
vers un roi trop débonnaire, sont au moment de tomber à ses genoux. Le président

(1) Cette fameuse légion fut ensuite recomposée des
hommes les plus exécrables que l'on put trouver dans
les boues de Paris.

Vergniaud et les députés les plus hardis suppliaient Louis XVI d'interposer son autorité pour mettre un terme au combat, en ordonnant aux Suisses de cesser le feu, et d'arrêter la marche des deux autres bataillons qui arrivaient au pas de course de Courbevoie. Louis XVI, éperdu, non à l'idée des dangers qu'il peut courir, mais en songeant au sang qui coule pour sa cause, promet tout, signe tout, expédie tout. Le major Durler reçoit un billet du roi qui lui commande de faire cesser le feu ; les Suisses obéissent, et même une partie d'entre eux rendent les armes.

Alors les fuyards reviennent par flots ; la multitude envahit le château, se précipite dans les appartements et s'acharne sur ces braves serviteurs, accourus pour défendre le roi. Les Suisses sont égorgés ; un peloton d'officiers, commandés par le général Castéja, est pulvérisé, après avoir soutenu un combat inouï contre des milliers d'ennemis. Le général lui-même périt en combattant. Gentilshommes, pages, prêtres, bibliothécaires, valets de chambre, serviteurs du roi, huissiers de la chambre, simples serviteurs, tout ce qui paraît attaché au service du roi est impitoyablement massacré.

Deux huissiers de la chambre du roi, Sallas et Marchais, voulant interdire l'entrée du grand-conseil et s'immoler à l'étiquette, sont massacrés en un instant. L'huissier de la chambre de la reine, nommé Diet, reste seul, factionnaire généreux, à l'entrée de l'appartement où les femmes se sont réfugiées et tombe en la défendant. Les vaincus fuient tumultueusement à travers les vastes galeries, se précipitent des fenêtres ou cherchent dans l'immensité du palais un réduit obscur qui protége leur vie contre la fureur de leurs ennemis. Le sang ruisselle partout; on ne marche plus que sur des cadavres; la mort même ne suffit pas à la haine des vainqueurs.

« Un retentissement féroce, dit M. de La-
» martine, poursuivait au delà de la vie
» l'assouvissement de cette rage; elle dé-
» pravait la nature, elle ravalait le peuple
» au-dessous de la brute qui frappe, mais
» qui ne dépéce pas. A peine les victimes
» étaient-elles tombées sous le fer des Mar-
» seillais, qu'une horde de forcenés, les
» mains tendues vers sa proie, se précipi-
» tait sur les cadavres qu'on lui jetait du
» haut des balcons, les dépouillait de leurs
» vêtements, se repaissait de leur nudité,

» leur arrachait le cœur, en faisait ruisse-
» ler le sang comme l'eau de l'éponge, cou-
» pait leur tête et étalait d'obscènes trophées
» aux regards et aux dérisions des mégères
» de la rue. Personne ne se défendait plus ;
» le combat n'était qu'un égorgement. »

La tuerie dura quatre heures, dans les appartements, sur la terrasse, dans les cours, sur la place du Carrousel, et même jusque dans les rues. Les caves, les cuisines, les souterrains, les passages secrets, les toits même dégouttaient de sang. Quelques Suisses, qui s'étaient cachés dans les écuries, sous des monceaux de fourrage, y furent étouffés par la fumée ou brûlés vifs.

L'histoire ne dira pas toutes les horreurs qui souillèrent cette victoire sans pitié. Rien ne fut épargné. Il y eut des serviteurs du château jetés dans les feux des cuisines ; le crime eut même d'atroces raffinements. Dix-sept hommes s'étaient réfugiés dans la chapelle ; Bourdon de l'Oise, armé d'une espingole, s'en alla sur eux, disant avec un rire d'enfer : « Tirerai-je t'y ? ou ne tirerai-je » t'y pas ? » Il tira sur ces malheureux qui furent aussitôt égorgés : on eût dit des furies acharnées. Un mauvais acteur tragi-

que se rougit la face de sang ; il prenait
cette rage pour de l'héroïsme. Un riche ma-
nufacturier, nommé Arthur, arracha le
cœur d'un Suisse. «On m'a assuré, dit Beau-
» lieu, qu'il le trempa dans de l'eau-de-vie
» brûlée, et qu'il le dévora. » Enfin, pour
emprunter une autre autorité non sus-
pecte : «Tous les hommes, Suisses ou Fran
» çais, trouvés dans les Tuileries, dit Du-
» laure, furent impitoyablement égorgés,
» et leurs cadavres, jetés par les fenêtres,
» bientôt dépouillés par la classe la plus
» abjecte de la ville, restèrent jusqu'au len-
» demain dans un état complet de nudité.,
» et bordaient du côté du jardin et de celui
» du Carrousel les deux façades des Tuile-
» ries. »

Quand tout fut fini, et qu'il ne resta plus
une âme vivante dans ce grand asile de la
royauté, le pillage suivit ; tout fut dévasté
et saccagé : tableaux, meubles, statues, va-
ses, livres, porcelaines, glaces, chefs-d'œuvre de tous les arts accumulés par les siècles dans le palais de la splendeur et des
délices des souverains, tout vola en lambeaux, tout roula en éclats, tout fut réduit
en poussière ou en cendres. Bientôt à l'horreur du meurtre et du sac vint se joindre

l'horreur de l'incendie. Les petits appartements attenant aux Tuileries s'embrâsent;
neuf cents toises sont en feu ; les flammes
continuent de s'étendre avec une effrayante
rapidité et menacent d'une ruine complète
l'édifice tout entier. Les pompiers accourent
et veulent essayer d'éteindre l'incendie ;
mais les bandits les criblent de balles. « Il
» périt environ cinq ou six mille hommes, dit
» Beaulieu ; soixante Suisses, qui avaient
» rendu les armes et à qui on avait promis
» la vie furent égorgés sur la place de
» Grève. Il en périt environ sept cent cin-
» quante. »

Pendant ce temps, l'Assemblée ne savait
que faire du roi qui s'était imprudemment
jeté dans son sein avec son sceptre brisé.
Elle l'avait relégué avec sa famille dans la
loge du journaliste Lehodey, parce que la
constitution avait, dit un membre, interdit
de délibérer devant le roi ; scrupule iro-
nique de la constitution, au moment où la
constitution n'existait plus. Louis XVI y
fut à plusieurs reprises en danger de perdre
la vie et d'être mis en pièces par des furieux altérés de sang qui bondissaient vers
la loge pour atteindre le roi ou quelqu'un
des siens. Et comme le bruit de la bataille

perçait l'enceinte, et que l'Assemblée était cette fois sûre de la victoire, elle y répondit par les cris de : *Vive la nation ! Vive la liberté ! Vive l'égalité !* Puis, dans cette chaleur d'enthousiasme et sur la demande d'hommes couverts de sang qui se présentent à la barre, elle fait un décret, portant la convocation d'une Convention nationale qui devait statuer sur l'exercice de la souveraineté et la suspension provisoire du pouvoir exécutif, c'est-à-dire sur la déchéance du roi, de ce même roi dont quelques instants auparavant ces misérables législateurs imploraient l'intervention. Ce décret fut rendu par deux cent quatre-vingt-quatre membres sur sept cent quarante-cinq dont se composait l'Assemblée législative ; car les membres du côté droit et les membres du parti constitutionnel, pressentant qu'ils n'auraient qu'à sanctionner la volonté de la populace ou à périr, s'étaient abstenus de se rendre à la séance. Les Girondins et les Jacobins y assistaient seuls. Puis, sur la proposition de Brissot, l'Assemblée nomma sans scrutin des ministres nouveaux, Roland, Clavières et Servan, Girondins précédemment renvoyés par Louis XVI, et à qui elle adjoignit Danton,

Monge, Lebrun, noms horriblement mêlés, expression funeste de la confusion où s'a-bîmait la monarchie. Il était neuf heures du soir. L'Assemblée fit rédiger l'analyse de ses décrets du jour et envoya des commis-saires les publier aux flambeaux dans toutes les rues de Paris.

Paris, la France, se trouva donc sans roi, chose nouvelle après mille ans de vicissitu-des, de gloire et de malheurs. On ne vou-lut pas même qu'il restât quelque part des images de la royauté. Sur une motion dé Thuriot, toutes les statues de rois devaient être abattues. On se mit donc à briser la statue de Henri IV, cette même statue qu'au début de la Révolution le peuple faisait adorer en signe de liberté, ainsi que celles de Louis XIII, Louis XIV et Louis XV. Les bustes de Bailly, de Necker et de Lafayette furent aussi mis en pièces sur les places publiques : mélange prodigieux de folie et de justice; affreux témoignage de la mobile faveur des révolutions, où les idoles de la veille sont l'objet des fureurs du lende-main. Après quatre jours d'incertitude sur le lieu où cette royauté tombée serait relé-guée, on se décida pour le Temple. Ce fut la Commune qui décida ce choix; l'Assemblée nationale, avec ses plans de liberté, ne faisait qu'obéir. Les Jacobins, désormais dominateurs de la France, se servaient de l'Assemblée comme d'un instrument docile, comme d'une machine à décrets. Au lieu d'une demeure, ils venaient de donner au roi une prison.

L'histoire de cette captivité est lamentable. Rien n'avait égalé chez aucun peuple l'humiliation et les épreuves de cette grande famille de rois. Une jeune reine, une femme, une mère avec ses deux enfants pleins de grâce et d'innocence ; un roi vertueux, bon, affable, ami des hommes ; une sœur de ce roi, ange devant qui la terre eût dû tomber à genoux : voilà les objets sur qui s'exer‑ çait à plaisir la colère des tyrans. Aucune désolation, aucune angoisse, aucun sup‑ plice ne manqua à ces victimes : on sait si les partis victorieux épargnent le malheur.

Chose étrange ! à ce moment, la conjura‑ tion du Palais-Royal semble disparaître. Le duc d'Orléans se cache dans une retraite inaccessible, pour ne reparaître que long‑ temps après cette explosion. La victoire lui fait peur. Dès que la royauté est brisée, l'u‑ surpation semble être devenue impossible. Il ne reste plus que des crimes inutiles. Ro‑

bespierre non plus ne concourut point per-
sonnellement au grand œuvre de l'anarchie;
féroce et timide comme la byène, avec la tête
de laquelle on lui trouvait une certaine ressemblance, il demeura caché tout le temps
du danger ; mais, le péril passé, il s'en alla
» haranguer aux Jacobins, dit M. Thiers,
» et entretenir quelques membres restés
» avec lui de l'usage à faire de la victoire,
» de la réussite de remplacer l'Assemblée
» actuelle et de mettre Lafayette en accu-
» sation. » Marat aussi, que Danton avait
caché pendant l'attaque, dans la cave de la
section des Cordeliers, reparut après la victoire à la tête d'un groupe de ses fanatiques
et d'une colonne de Bretons. Il se promena
dans Paris un sabre nu à la main et une couronne de laurier sur la tête ; il se fit proclamer commissaire de sa section au nom
de ses haillons, de ses cachots et de ses fureurs ; il se transporta avec ces mêmes sa-
tellites à l'Imprimerie royale, et s'empara
des presses qu'il ramena chez lui comme
la dépouille due à son génie. Les conjurés
ont leur destinée ; ils vont continuer de la
subir : on dirait une force mystérieuse et
fatale qui les précipite.

Ainsi s'accomplit la fameuse Journée du

10 août, qui fut une révolution dans la Révolution, et qui fut aussi la dernière journée du pouvoir royal; fatale journée qui
doit amener les massacres de septembre et
le meurtre juridique du 21 janvier.

X

La Journée du 10 août avait détruit la
royauté. La faction des Jacobins n'eut plus
qu'à se saisir publiquement de la puissance, qui, de fait, était déjà entre ses
mains. A l'aspect de cette domination exer-
cée par le meurtre, Paris resta glacé d'effroi. Quels que dussent être les maitres, la
soumission était prête ; toutes les âmes
semblaient comme foudroyées par la terreur.

Dans la vaste anarchie qui couvrait la
cité factieuse, un seul pouvoir était debout;
pouvoir terrible, puisqu'il régnait par l'a-
narchie même : c'était la Commune. Comme
on l'a vu dans le récit du 10 août, des députés des sections réunis à l'hôtel-de-ville
s'étaient emparés du pouvoir municipal,
en expulsant les anciens magistrats, et
avaient dirigé l'insurrection pendant toute
la nuit et la journée du 10 août. Ils possé-

daient la véritable force de fait ; ils avaient tout l'emportement de la victoire et représentaient cette classe révolutionnaire et ardente qui venait de lutter pendant toute la session contre l'Assemblée législative. Après la journée du 10 août, la Commune composa à elle seule une espèce d'assemblée, aussi nombreuse que le Corps législatif, ayant ses tribunes, son bureau, ses applaudissements bien plus bruyants et une force de fait bien plus considérable. Elle se donna le nom de *Conseil général révolutionnaire du 10 août;* et, par cette appellation, elle révélait nous ne savons quoi d'insolite et de monstrueux dans le gouvernement d'un peuple. Les imaginations s'épouvantaient à de tels indices. Et, en effet, l'arbitraire le plus hideux devint la loi de cette administration sans règle; l'Assemblée nationale elle-même se sentit trembler sous cet empire de furieux. C'est du conseil de la Commune que partit une pétition pour que le nom du roi fût rayé de tous les actes législatifs : c'était la consommation officielle de l'extermination de la monarchie. Danton avait commencé par exercer la principale autorité dans ce sénat municipal; mais bientôt Robespierre le do-

mina par ses idées plus systématiques et
plus arrêtées, et exerça dans la Commune
un pouvoir plus réel que le pouvoir d'opinion dont il jouissait aux Jacobins. C'est
de là que le flot révolutionnaire vint le
porter à la Convention. Robespierre trai-
nait à sa suite des hommes propres seulement à servir d'instruments à sa politique :
Billaud-Varennes, Tallien, Léonard Bourdon, Panis, Sergent, Marat, tous voués au
crime et organisateurs de bandes de meurtriers dans Paris.

C'est sous l'impression de cet asservissement de la peur que s'éteignit l'Assemblée
législative. Infidèle à la constitution, refu-
sant son appui à la royauté, timide en face
de la république, elle n'eut ni plan, ni politique, ni audace. Elle donna à tous les
les partis le droit de la mépriser. L'histoire la jugera plus sévèrement qu'aucune
des Assemblées qui personnifièrent la Révolution. Elle ne renversa rien, elle ne
fonda rien; elle aida tout à tomber. Elle
avait reçu une constitution à maintenir, une
royauté à réformer, un pays à défendre;
elle laissa, en se retirant, la France sans
constitution, sans roi, sans armée; elle dis-
parut dans une émeute. Ses seules traces

furent des débris. Elle crut faire assez en publiant un manifeste où elle expliquait sa conduite dans la période funeste qu'elle avait traversée; mais elle se justifiait en accusant le monarque : c'était un appel contre Louis XVI à une justice plus formidable.

« Quelque jugement, disait-elle en finis-
» sant, que nos contemporains ou la pos-
» térité puissent porter de nous, nous n'au-
» rons pas à craindre celui de notre con-
» science; à quelque danger que nous soyons
» exposés, il nous restera le bonheur d'a-
» voir *épargné des flots de sang français,*
» qu'une conduite plus faible aurait fait cou-
» ler ; nous échapperons du moins au re-
» mords et nous n'aurons pas à nous repro-
» cher d'avoir vu un moyen de sauver la
» patrie et de ne pas avoir osé l'embrasser. »
Telle était la tranquillité d'âme de ces innocents démolisseurs : on eût dit une ironie contre eux-mêmes. Avant de se dissoudre, ils prononcèrent encore quelques décrets de tyrannie. Huit jours après le 10 août, ils avaient porté un décret par lequel « consi-
» dérant qu'un état vraiment libre ne doit
» souffrir dans son sein aucune corporation,
» pas même celles qui, vouées à l'enseigne-

» ment public, ont bien mérité de la pa-
» trie, » ils déclaraient toutes les corpora-
tions religieuses éteintes et supprimées et
les costumes abolis. La persécution était
tout ce qui restait de la puissance.

Barnave, Alexandre Lameth et les ministres qui avaient conseillé à Louis XVI
de ne point sanctionner les lois violentes
contre les émigrés et les prêtres, furent dé-
crétés sans examen, et, le 17 août, un tribunal révolutionnaire fut institué en toute
hâte pour juger en dernier ressort et sans appel, non les auteurs des crimes qui avaient
fait trembler Paris, mais ceux qu'on appelait conspirateurs du 10 août : vaste dési-
gnation qui embrassait tous les gens paisi-
bles pour en faire des criminels. Ce tribunal devait bientôt devenir célèbre sous le
nom de TRIBUNAL RÉVOLUTIONNAIRE; on l'appela d'abord *Tribunal du 17 août.*

En présence de cette justice prochaine, le
Conseil de la Commune put afficher cette
proclamation : «Peuple souverain, suspends
» ta vengeance! la justice endormie repren-
» dra aujourd'hui ses droits; tous les coupa-
» bles vont périr sur l'échafaud.» Ces paroles calmèrent pour quelques jours la rage de
tuer. Mais elle brûlait le cœur des sicaires,

et la Commune charmait leur impatience en amassant à tout hasard dans les prisons des multitudes de citoyens, hommes, femmes, enfants, vieillards, enlevés de nuit dans leurs demeures pour servir de victimes à la justice nouvelle.

Cependant, au bruit des violences de Paris, les généraux d'armée s'émurent, et surtout ceux qui avaient pensé concilier quelques vieilles habitudes de respect pour la royauté avec les idées nouvelles de démocratie. A Valenciennes, le général Dillon proclama, dans un ordre du jour, que la constitution avait été violée et que les parjures devaient être punis; mais il se rétracta quelques jours après, à l'exemple du vieux maréchal Luckner. Montesquiou, à l'armée du Midi, se prononça mollement pour le maintien de la constitution. A Strasbourg, le maire Diétrich, le général Victor de Broglie et Cafarelli du Falga s'indignèrent de l'attentat du 10 août contre l'inviolabilité royale; mais le général Biron, ami du duc d'Orléans, soutenu par les Jacobins de Strasbourg, étouffa ce germe de soulèvement et donna son armée au parti vainqueur. Lafayette seul prit une résolution et une attitude politique. Il dé-

nonça, dans un ordre du jour, les viola-
teurs de la constitution et jura de mourir
pour elle. Le député Bazire porta cet ordre
du jour à la tribune et proposa de déclarer
Lafayette ennemi de la patrie. Puis, le
capucin Chabot désigna dans l'Assemblée
même les complices de ses révoltes; et on
vit le moment où les députés allaient se
livrer entre eux aux fureurs de la populace.

La protestation de Lafayette se perdit
dans ces éclats de frénésies; bientôt il fut
obligé de quitter son armée avec quelques
autres officiers, ses compagnons d'armes et
d'opinion; et, de peur d'être assimilé aux
émigrés qui avaient fui la même patrie, il pu-
blia une déclaration par laquelle il demandait aux puissances, en vertu du droit des
gens, un libre passage pour s'en aller chercher un refuge en des pays qui ne fussent
point en guerre avec la France. Cette invocation ne fut point entendue; il tomba avec
ses amis entre les mains des Autrichiens,
qui le tinrent dans une rigoureuse captivité jusqu'au 27 août 1797; triste expiation
de ses vanités et de ses méprises.

Toute l'Europe, aussi, s'était émue au
bruit du tocsin des trônes qui sonnait à

Paris. L'Angleterre, si favorable jusque-là à la révolution de France, déclara ne point reconnaître le gouvernement qui venait de s'établir par le crime. Elle rappela son ambassadeur et rompit tous ses rapports diplomatiques avec le marquis de Chauvelin, envoyé de France. En même temps, les Autrichiens et les Prussiens coalisés hâtèrent leur marche vers les frontières ; quatorze mille émigrés les suivaient en masse; toutes les villes semblaient s'ouvrir devant l'invasion.

Mais l'esprit de rivalité politique travaillait la coalition. La Prusse tremblait qu'une entreprise formée pour le salut de Louis XVI ne tournât à l'agrandissement de l'Autriche, et cette préoccupation jeta de l'hésitation dans la marche des armées; on allait à la plus importante expédition qui eût jamais été vue, avec la crainte de la voir réussir; et la marche même des émigrés, se traînant à la suite d'une invasion douteuse, lorsqu'ils brûlaient de se porter à la tête comme protecteurs de leur patrie, était un indice fatal de l'indécision des rois ou de l'imprudence, peut-être de la trahison de leurs généraux et de leurs ministres.

Toutefois, il y eut un moment où l'esprit

chevaleresque sembla revivre ; ce fut lorsque le roi de Prusse s'en vint dans son armée comme simple volontaire, laissant le commandement au duc de Brunswick et hâtant de ses vœux ce qui pourrait sauver Louis XVI. Mais cet élan fut vain : la Convention nationale, sortie des horribles massacres de septembre, s'apprêtait déjà à juger le royal prisonnier du Temple.

XI

La première inspiration de cette nouvelle Assemblée, formulée par le comédien Collot-d'Herbois, fut d'abolir en France la royauté et de proclamer une république dérivant de la souveraineté du peuple. Toutefois, les Girondins parurent hésiter dans cette téméraire entreprise ; car ils redoutaient que le nouveau gouvernement ne tombât dans les mains d'une démagogie furieuse, pour aller aboutir fatalement à une effroyable anarchie ou à une dictature de vengeance et de sang. Mais les Jacobins, secondés par les bruyantes acclamations des tribunes et par quelques audacieuses paroles de l'abbé Grégoire, précipitèrent la décision de l'Assemblée, qui finit par déclarer d'une voix unanime la royauté abolie en France : ainsi naquit la république, le 21 septembre 1792. Quatre jours après, Marat publiait dans son journal ces paroles remarquables : « N'attendez plus rien de » l'Assemblée; cinquante ans d'anarchie » vous attendent, et vous n'en sortirez que » par un dictateur, vrai patriote et homme » d'état. »

Il était aisé de pressentir, en effet, tout ce que cette mesure récélait de violent et d'extrême. C'était non seulement une résolution désespérée, mais un abime inconnu où le vertige attirait les imprudents ; seul asile qui restât à la patrie, selon les révolutionnaires ; gouffre obscur où chacun allait chercher à engloutir ses rivaux en s'y précipitant avec eux, et que tous devaient combler tour à tour de leurs combats, de leurs crimes et de leur sang. Robespierre, Danton et Marat restèrent les dominateurs de ce chaos; la Convention en fut l'instrument servile, et la Commune de Paris le bourreau.

Bientôt, des scènes violentes éclatèrent dans la Convention. Les Girondins, impatients de secouer la tyrannie des Jacobins, attaquérent hardiment Robespierre comme

aspirant à la dictature et voulant détruire
la représentation nationale, pour lui substituer d'abord la Commune dont il disposait,
ensuite pour se substituer lui-même à la
Commune et se faire le dictateur de la
France, en se faisant par la terreur le tyran
de Paris. En même temps, ils demandaient
compte aux ministres de leur gestion. Danton s'émut de colère et dédaigna les apo-
logies ; mais sa haine était allumée, et il
se ligua avec Robespierre pour une vengeance commune. Ce fut là le début d'une
lutte à mort, où les Girondins devaient être
vaincus. Leur éloquence, avec ses formes
austères et antiques, ne pénétrait pas les
masses révolutionnaires ; une populace
manquait à leur enthousiasme de théorie ;
et la Commune, atteinte par leurs protestations contre les massacres de septembre
et contre la spoliation du garde-meuble de
la couronne, apporta dans cette affreuse
mêlée des griefs qui devaient être décisifs :
elle venait les accuser de complicité dans
les *crimes* et les *trahisons* de Louis XVI.

Ainsi, des réactions complexes, furieuses,
étaient jetées dans une rivalité de pouvoir,
et l'idée même du régicide sortit tout armée d'une lutte où les factions jacobine et

girondine semblaient n'avoir dessein que de s'accabler tour à tour : on eût dit une digression au travers de ces colères. Ce n'était aucune faction, ce n'était aucune opinion, ce n'était aucun homme qui immolait le roi ; c'était l'antagonisme de toutes ces opinions et de toutes ces factions. Son procès devenait le champ de bataille de partis. Sa tête n'était pas la dépouille, mais le signe apparent et cruel d'une espèce de patriotisme révolutionnaire. Nul ne voulait laisser ce signe à ses adversaires. Dans cette lutte, le roi devait tomber sous la main de tous. Et, en effet, tous les partis semblaient se précipiter de concert sur la même proie, comme si l'ardeur à commettre un dernier crime devait être la seule rivalité ou la seule apologie.

Cette espèce de transaction secrète trompa le peuple révolutionnaire ; et d'ailleurs, sa passion se portait aisément contre Louis XVI. Merlin de Thionville fut le premier qui demanda qu'il fût mis en jugement. Aussitôt, de nombreuses pétitions volèrent des départements vers la Convention, demandant toutes, avec des paroles d'imbécillité furieuse, la tête de *l'Assassin du peuple.* Elles furent remises à une commission de vingt-quatre membres, qui se trouva de la sorte investie d'un commencement d'instruction. Le premier rapport fut un acte d'accusation. « De quoi n'est-il pas » coupable, le monstre! s'écriait Dufriche- » Valazé, chargé par les Girondins de ce » travail. Vous allez le voir aux prises avec » la race humaine! » Ces mots indiquaient l'espèce de justice qui était dans les âmes. Le procès s'ouvrit par une délibération ardente, précipitée; il y avait des sentences avant qu'on eût examiné s'il y avait des juges.

Et encore, au gré de quelques uns, c'était trop de délibérer. Aux Jacobins, dans les rangs de la Montagne, on se demandait déjà s'il était nécessaire d'une discussion, d'un jugement, de formes enfin, pour se délivrer de ce qu'on appelait un tyran, pris les armes à la main et versant le sang de la nation.

Cette opinion eut un organe terrible dans le jeune Saint-Just, fanatique austère et froid, qui, à vingt ans, méditait une société tout idéale, où régneraient l'égalité absolue, la simplicité, l'austérité et une force indestructible. Longtemps avant le 10 août, il rêvait, dans les profondeurs de sa som-

bre intelligence, cette société surnaturelle, et il était arrivé par fanatisme à cette extrémité des opinions humaines, à laquelle Robespierre, lui, n'était parvenu qu'à force de haine. « Un jour peut-être on s'étonnera,
» murmura froidement ce jeune furieux,
» dans la séance du 13 novembre, qu'au
» XVIIIe siècle on ait été moins avancé que
» du temps de César. Le tyran fut immolé
» en plein sénat, sans autres formalités que
» que vingt-deux coups de poignard, sans
» autre loi que la liberté de Rome. Et au-
» jourd'hui l'on fait avec respect le procès
» d'un homme assassin d'un peuple, pris
» en flagrant délit, la main dans le sang, la
» main dans le crime!... Juger un roi comme
» un citoyen, ajoutait-il ! Ce mot étonnera
» la postérité froide... Le procès doit être
» fait à un roi, non point pour les crimes
» de son administration, mais pour celui
» d'avoir été roi ; car rien au monde ne peut
» légitimer cette usurpation ; et de quelques
» illusions, de quelques conventions que la
» royauté s'enveloppe, elle est un crime
» éternel, contre lequel tout homme a le
» droit de s'élever et de s'armer ; elle est un
» de ces attentats que l'aveuglement même
» de tout un peuple ne saurait justifier...

» On ne peut point régner innocemment ; la.
» folie en est trop évidente. Tout roi est un
» rebelle et un usurpateur... Hâtez-vous de
» juger le roi ; car il n'est pas de citoyen qui
» n'ait sur lui le droit qu'avait Brutus sur
» César... Louis était un autre Catilina. Son
» meurtrier, comme le consul de Rome, ju-
» gerait qu'il a sauvé la patrie. » La Montagne applaudit ces paroles avec enthousiasme.

Robert, député de Paris, dépassa dans la
même séance la frénésie de Saint-Just : on
eût dit une émulation de folie : « Assez et
» trop longtemps, dit-il, les rois ont jugé
» les nations. Le jour est venu où les na-
» tions vont juger les rois... Mais les repré-
» sentants du peuple doivent gémir d'être
» obligés de descendre de la hauteur de
» leurs fonctions pour être réduits à s'oc-
» cuper d'un roi ; d'un de ces êtres que
» l'humanité abhorre, que la raison natu-
» relle réprouve, que la liberté a exilés à
» jamais de son domaine..., qui, à lui seul,
» a accumulé sur sa tête plus de forfaits
» que tous les rois ses prédécesseurs..., et
» pour qui, par qui plus d'humains ont été
» égorgés qu'il ne compte d'heures dans sa
» vie... Ainsi, que la tête de Louis tombe !

» parce qu'un roi qui a l'insolence de vou-
» loir régner *par la grâce de Dieu*, est un
» monstre qui flétrit l'humanité, qui ment
» à la nature entière. »

Manuel s'exprimait ainsi : «Le roi peut-il
» être jugé? Cette question m'a étonné;
» elle n'en peut être une que chez les es-
» claves. Il fut roi, donc il est coupable. »
Et puis, s'adressant au roi par un mouvement de rhétorique furieuse : « O le plus
» imbécille, s'écria-t-il, si tu n'étais le plus
» méchant des hommes!... Si j'avais pu
» croire qu'inviolable, comme tous les re-
» présentants du peuple, dans tes fonctions,
» tu prétendrais encore l'être dans ces or-
» gies, dans ces comités, où, gardé par des
» chevaliers du poignard, avec l'âme de
» Tibère, dans la stupide apathie de Claude,
» souriant au vœu que formait la fille des
» Césars que la France n'eût qu'une tête
» pour la jeter sous la griffe d'un aigle, tu
» préparais par le fanatisme de Nîmes, par
» l'opprobre de Longwy, par l'incendie de
» Lille, la servitude de ma patrie, ou je
» t'aurais poignardé comme Brutus, ou je
» me serais tué comme Caton ; car on ne
» doit pas vivre sous un homme comme toi,
» quand il est plus fort que les lois. Une

» constitution, qui aurait laissé entre tes
» mains la carabine de Charles IX, en t'ar-
» rachant au glaive du bourreau, te livrait
» à la hache de tous les hommes libres !
» C'était mériter de l'avoir que de te souf-
» frir ! Ta vie est un argument contre la
» Providence ! »

Lakanal, de l'Ariége, un prêtre apostat,
trouva des paroles non moins forcenées.
« Si vous n'immolez pas le traître à la pa-
» trie outragée, disait-il, aigris par la ré-
» sistance des peuples et sûrs de l'impunité,
» les tyrans vont continuer avec une ar-
» deur nouvelle à lutter contre la liberté.
» C'est par de plus grands forfaits qu'ils
» chercheront l'impunité de leurs premiers
» crimes; voulez-vous les prévenir, punis-
» sez ceux de Louis le dernier; et cette dou-
» zaine de despotes qui pèse sur l'Europe,
» va céder le trône aux peuples souverains.
» Ils sont si bassement cruels, les rois;
» pourraient-ils n'être pas lâches ! » Et le
prêtre farouche concluait : « Législateurs,
» la raison et la justice outragées attendent
» Louis sur la roue; jusqu'à quand gémi-
» ront-elles de vos coupables lenteurs ? »

Tels étaient les votes de la Convention; on
eût dit des cris de sauvages. Un homme les

domina par un système de régicide calme et
logique; ce fut Robespierre. Il soutint d'a-
bord qu'instruire un procès, c'était ouvrir
une délibération; que permettre de délibérer, c'était permettre le doute et une
solution même favorable à l'accusé. Or,
mettre le crime de Louis XVI en problème,
c'était, disait-il, accuser les Parisiens, les
fédérés, tous les patriotes enfin qui avaient
fait la Révolution du 10 août; c'était absoudre Louis XVI, les aristocrates, les puissances étrangères et leurs manifestes; c'é-
tait, en un mot, déclarer la royauté inno-
cente et la République coupable. « Citoyens,
» s'écria-t-il dans la séance du 3 décembre,
» l'Assemblée a été entraînée à son insu
» loin de la véritable question. Il n'y a point
» ici de procès à faire. Louis n'est point un
» accusé; vous n'êtes point des juges; vous
» êtes, vous ne pouvez être que des hommes
» d'état et les représentants de la nation.
» Vous n'avez point une sentence à rendre
» pour ou contre un homme, mais une me-
» sure de salut public à prendre, un acte
» de providence nationale à exercer... Louis
» ne peut donc être jugé; il est déjà con-
» damné; il est condamné, ou la Républi-
» que n'est point absoute. Proposer de faire

le procès à Louis XVI, de quelque manière que ce puisse être, c'est rétrograder
vers le despotisme royal et constitutionnel ; c'est une idée contre - révolutionnaire ; car c'est mettre la Révolution elle-
même en litige. En effet, si Louis peut
être encore l'objet d'un procès, Louis peut
être absous ; il peut être innocent ; que
dis-je ! il est présumé l'être jusqu'à ce
qu'il soit jugé.....» Et, après avoir ex-
osé cette théorie qui ôtait jusqu'au droit
u doute en matière de régicide, le terrible
aisonneur ajoutait : « Les peuples ne ju-
gent pas comme les cours ordinaires ; ils
ne rendent point de sentences, ils lan-
cent la foudre ; ils ne condamnent point
les rois, ils les replongent dans le néant. »
uis, il étala de belles sentences de mort :
Pour moi, s'écria-t-il, j'abhorre la peine
de mort ; mais un roi détrôné ne peut
vivre que pour la ruine du peuple. Je
prononce donc à regret cette fatale vérité ; mais Louis doit mourir, parce qu'il
faut que la patrie vive. » Le discours
le Robespierre, souvent interrompu par
le sinistres applaudissements, ne met-
ait pas seulement le roi hors la loi, il le
nettait hors la nature, au nom même du

droit naturel. C'était la logique du meurtre, déduite fatalement de l'intérêt même de l'humanité.

Il serait trop long de raconter, ou même d'indiquer simplement les opinions qui tombèrent de la tribune sur cette grande question du droit de juger Louis XVI. Il y eut dans le parti même de la République des opinions contraires. Une secte de puritains chimériques écartait l'idée des supplices ; d'autres restaient fidèles à la lettre des lois déjà faites. Morisson et Rouzet voulaient que l'inviolabilité promise au roi fût respectée lorsqu'il n'y avait plus de roi ! Ainsi, disaient-ils, la République doit se rendre imposante à toute l'Europe.

« Conservons cet homme criminel qui fut
» roi, disait l'abbé Fauchet ; qu'il soit un
» témoignage vivant de l'absurdité, de l'exé-
» cration dévolue à la royauté. Nous dirons
» aux nations : Voyez-vous cette espèce
» d'homme anthropophage qui se faisait un
» jeu de nous dévorer ? C'était un roi. Il
» n'y avait point de loi qui avait prévu son
» délit ; il passe les bornes de ce qu'il y a
» de plus horrible dans les crimes prévus
» dans notre code pénal. Mais la nature se
» venge des vices de notre législation et lui

» inflige un supplice plus terrible que la
» mort : elle le donne en spectacle à l'uni-
» vers en le plaçant sur un échafaud d'i-
» gnominie. » Puis, tempérant son fanatisme jacobin par des raisonnements de légiste, il ajoutait que « nul ne peut être puni
» qu'en vertu d'une loi établie et promul-
» guée antérieurement au délit. » Peu s'en
fallut que l'Assemblée ne précipitât le dis-
coureur de la tribune. Il se mit ensuite à
couvrir ses axiomes de clémence de paroles
furieuses ; c'était un art de se faire par-
donner la modération par un étalage de
colère.

« Jamais, s'écria Mazuyer, je n'ai pu
» concevoir de quelle utilité peut être une
» tête coupée...» Et, résumant son opinion,
il ajouta : « Je veux que Louis le traître,
» traînant avec lui sa honte et sa misère,
» dise à tous les peuples qu'il parcourra :
» Je fus un tyran imbécille et sanguinaire,
» docile aux fureurs d'une femme atroce,
» jouet des prêtres fanatiques de ma cour
» et d'un vil ramassis de prétendus grands
» seigneurs bien fripons, bien scélérats ;
» j'ai voulu opprimer une nation généreuse
» et magnanime ; elle s'est levée tout en-
» tière ; elle a résisté à l'oppression ; elle

» a secoué un joug de fer sous lequel elle
» gémissait depuis tant de siècles; elle a
» recouvré ses droits ; elle est libre aujour-
» d'hui; trop fière, trop forte pour me re-
» douter, elle m'a chassé ignominieuse-
» ment, et je fuis de son sein , chargé
» d'opprobre et d'exécration. »

C'était là toutefois une étonnante clémence; elle ne faisait que donner de l'exal-
lation à la barbarie. Baraillon voila de
même ses sentiments d'humanité.

Le philosophe anglais, Thomas Payne,
l'ami de Washington et de Franklin, que
son pays avait chassé en 1774, à cause de
la frénésie de ses opinions, et dont le Pas-
de-Calais avait fait un député, parut tromper la confiance des furieux, en demandant que Louis XVI fût envoyé aux Etats-
Unis; mais toutefois ce ne fut pas un hommage en faveur du monarque, ce fut plutôt
un outrage. Payne avait été comblé d'é-
gards par le roi, lorsqu'il était venu à Paris pour implorer le secours de la France
en faveur de l'Amérique. Louis XVI avait
fait un don de six millions à la jeune république. Mais cet étranger n'eut ni la mémoire, ni la convenance de sa situation. Ne
pouvant s'énoncer en français à la tribune,

il écrivit et fit lire à la Convention, dans la
séance du 21 novembre, une lettre ignoble
dans les termes, cruelle dans l'intention ;
longue injure jetée jusqu'au fond du cachot
au roi dont il avait jadis sollicité la généreuse assistance et à qui il devait le salut
de sa patrie adoptive. « Considéré comme
» individu, disait Payne, Louis XVI n'est
» pas digne de l'attention de la République;
» mais envisagé comme faisant partie de
» cette bande de conspirateurs couronnés
» qui menacent la liberté de toutes les na-
» tions, il faut que son procès lui soit fait.
» A l'égard de l'inviolabilité royale garan-
» tie par la Constitution, idée burlesque, je
» voudrais qu'il n'en soit fait aucune men-
» tion ; car je ne vois plus dans Louis XVI
» qu'un homme d'un esprit faible et borné,
» mal élevé comme tous ses pareils, sujet,
» dit-on, à de fréquents accès d'ivrognerie,
» et que l'Assemblée constituante rétablit
» imprudemment sur un trône pour lequel
» il n'était point fait.» L'ingratitude s'exprimait en outrages ; la philosophie se dégra-
dait au-dessous du despotisme dans le langage de Payne. Aussi Marat lui reprocha
d'avoir les principes d'un quaker; Robespierre le fit rayer, en 1793, de la liste des

membres de la Convention, comme étranger ; il le fit même arrêter.

Camus eut plus de courage que tous les autres ; il nia le droit d'accuser Louis XVI. Pour lui, c'était un vaincu saisi dans la fuite ; s'il avait été roi, c'était un malheur, non un crime. Kersaint imita ce courage. Condorcet et Pétion se perdirent en des distinctions de crimes publics et de crimes personnels, les uns couverts par l'inviolabilité promise, les autres soumis à la répression nationale.

Sur ces entrefaites, le ministre Roland vint annoncer à la Convention, le 21 novembre, qu'il avait découvert une armoire de fer mystérieuse au fond des appartements dévastés des Tuileries. A l'annonce de cette découverte, due à la trahison du serrurier Gamain, de Versailles, un cri de joie stupide s'éleva dans Paris. On crut avoir saisi un trésor d'accusation et tenir les indices des conspirations du roi. On avait sous la main des notes, des lettres, des mémoires communiqués ; l'imagination en fut exaltée ; le *crime* de Louis XVI fut assez avéré, et la Convention se hâta de mettre fin à l'exposé des opinions contraires, où souvent la frénésie avait trahi la peur. Le 3 décembre, elle déclara que Louis XVI serait jugé par elle; le 4, on mit en discussion les formes du procès, et le 6, un décret porta l'établissement d'une Commission extraordinaire de vingt-un membres, laquelle devait présenter l'acte énonciatif des *crimes* de Louis *Capet*; ainsi désignait-on le descendant de la plus puissante et de la plus illustre race de rois qui eût jamais porté couronne. Louis devait ensuite être appelé à la barre de la Convention et répondre aux questions qui lui seraient faites.

C'était le début du régicide; et déjà les factions couraient au-devant du drame par des actes furieux. La statue de Mirabeau avait été brisée, et, dans la séance du 4 décembre, sur la motion de Buzot, on avait fait un décret de mort contre quiconque tenterait de rétablir en France la royauté, ou tout autre pouvoir attentatoire à la souvraineté du peuple.

XII

11 *décembre.* — Enfin, vint le jour où Louis XVI devait comparaitre à la barre de la Convention. Barrére présidait l'As-

semblée; c'était un esprit disert, qui avait débuté par des goûts de poésie; il avait essayé de porter une sorte de raffinement dans le Jacobinisme; mais la barbarie commune eut bientôt entraîné l'élégant poète. Lorsque le roi fut près d'entrer, Barrère voulut donner à l'Assemblée un air de sénat romain. «Citoyens, dit-il, l'Europe vous
» observe. L'histoire recueille vos pensées,
» vos actions. L'incorruptible postérité vous
» jugera avec une sévérité inflexible. » Il disait vrai. « L'impassibilité et le silence le
» plus profond conviennent à des juges. »
Et ici le boucher Legendre interrompit le président : « Il faut, cria-t-il, que le silence
» des tombeaux effraie le coupable. » —
« La dignité de votre séance, reprit Barrère,
» doit répondre à la majesté du peuple
» français; il va donner par votre organe
» une grande leçon aux rois et un exemple
» utile à l'affranchissement des nations.
» Citoyens des tribunes, vous êtes associés
» à la gloire et à la liberté de la nation dont
» vous faites partie. Les citoyens de Paris
» ne laisseront pas échapper cette nouvelle
» occasion de montrer le patriotisme et l'es-
» prit public dont ils sont animés; ils n'ont
» qu'à se souvenir du silence terrible qui

» accompagna Louis ramené de Varennes,
» silence précurseur du jugement des rois
» par les nations. »

Alors fut amené Louis XVI; il était deux heures et demie. Le maire, deux officiers municipaux et les généraux Santerre et Berruyer marchent à ses côtés. Sa contenance était ferme et modeste; dans le calme de sa figure se peignait la sérénité de son âme. A son aspect, il se fit dans la salle un silence absolu, suivi bientôt d'un bruissement surnaturel; on aurait pu croire qu'à l'apparition de cette majesté angélique, les députés, cédant à un mouvement de remords involontaire, s'élançaient de leurs bancs pour tomber aux genoux du monarque, afin d'implorer leur pardon : ce murmure provenait, en effet, de l'effort que la plupart d'entre eux faisaient pour se raffermir dans leurs pensées criminelles. Plusieurs même se levèrent par respect; mais les tribunes crièrent : *Assis ! assis !* Louis XVI était vêtu d'une redingote blanche d'une étoffe commune; l'appareil de sa puissance avait disparu; mais il restait la majesté de l'innocence. Par contraste, on voyait Barrère élevé sur une espèce de trône, affectant une supériorité royale; et,

en regard, une assemblée avide de sceller
sa souveraineté par le meurtre : ce spectacle était sinistre.

« Quel est le Français, dit un témoin vé-
» nérable, Beaulieu, à qui Louis XVI, dans
» une aussi déplorable situation, ne parut
» pas intéressant? Il y avait bien long-
» temps que je n'avais répandu des larmes;
» J'étais suffoqué, mes yeux s'en rem-
» plirent malgré moi; car c'était un crime
» de paraître touché de tant d'infortunes;
» et j'étais dans une des tribunes particu-
» lières de l'Assemblée, entouré, observé
» même par ceux qui avaient juré la mort
» de Louis XVI. Je conserverai toute ma
» vie le souvenir d'une des réponses du roi
» à l'interpellation de Barrère. — Louis,
» lui dit celui-ci avec le ton sévère du plus
» terrible accusateur, vous avez fait couler
» le sang français. — Non, Monsieur, ce
» n'est pas moi, répondit le roi d'un ton
» pénétré. Cette réponse, ou plutôt l'accent
» avec lequel elle fut prononcée, me fit
» frissonner de tous mes membres. »

C'est néanmoins pour l'histoire un cruel
office d'avoir à mêler le blâme à cet attendrissement des cœurs. Louis XVI, en se
soumettant à cet interrogatoire, le sanction-

naît ; et la postérité, car elle est venue, s'étonne que le monarque n'eût à opposer à de tels juges que la pieuse résignation d'une victime, sans aspirer à la lutte chrétienne d'un martyr. Louis XVI, disputant sa gloire aux bourreaux, eût péri peut-être sous mille poignards, mais la dignité du sceptre eût été sauvée.

L'interrogatoire de Barrère était un tissu de questions barbares ou absurdes qui dura cinq heures. « A mesure qu'on déroulait » devant lui ce tableau des fautes de son » règne, dit **M.** de Lamartine dans son » *Histoire des Girondins*, et qu'on remuait » le sang du Champ-de-Mars, du 20 juin, du » 10 août, pour en détourner la responsa-» bilité sur lui seul, quelques uns des cons-» pirateurs de ces journées répandus parmi » les juges, tels que Pétion, Barbaroux, » Louvet, Carra, Marat, Danton, Legendre, » ne pouvaient s'empêcher de rougir et de » baisser les yeux. Leur conscience leur » disait intérieurement qu'il y avait pudeur » à déclarer auteur de ces attentats celui » qui en avait été la victime. Ils se van-» taient hautement quelques jours avant » d'avoir ourdi ces conspirations contre le » trône. » Louis XVI répondit à toutes les

questions avec calme, précision et simplicité. Les accusations tombaient devant cha-
cune de ses réponses ; après quoi, on le re-
conduisit au Temple à travers une escorte
formidable. Alors s'ouvrit une délibération
digne de l'enfer.

Le parti de Robespierre voulait que
Louis XVI ne fut point jugé, mais mis à
mort ; c'était ce que Robespierre avait appelé *un acte de providence nationale*. En
vain, Marat, Duhem, Billaud - Varennes,
Tallien, Chasles, protestent par leurs clameurs contre le droit sacré de la défense,
demandant audacieusement une exception
à l'humanité contre le *tyran rebelle à la
nation ;* en vain, Thuriot s'écria-t-il: « Il
» faut que le tyran porte sa tête sur l'écha-
» faud ! » Le parti Girondin, plus légiste
que providentiel, se soulevant contre cette
impatience de bourreau, voulut que tout se
passât selon les règles d'une justice réelle ;
il demanda un conseil pour l'accusé ; Pétion
et Treilhard furent de cet avis. Ainsi les
formalités juridiques seraient sauves, et la
conscience des régicides se trouverait à
l'aise. Le 12 décembre, quatre membres de
la Convention, Cambacérès, Thuriot, Du-
bois-Crancé et Duport de Bigorre, urent

chargés de porter au Temple le décret qui
permettait au roi de se choisir un conseil
de défense.

XIII

Cependant la nouvelle de la mise en accusation de Louis XVI avait couru en Europe. Les Français qui avaient fui leur patrie poussèrent des cris de colère ou de douleur, et de divers points volèrent des écrits
pour la défense de l'infortuné monarque.
Necker, Bertrand de Molleville, Malhouët,
rivalisèrent dans cette œuvre inutile. Lally-
Tollendal demanda un passeport pour venir plaider la cause du roi; il ne put l'ob-
tenir. On signait des protestations et des
pétitions; on multipliait les preuves d'une
innocence qui éclatait assez d'elle-même;
mais tout venait mourir au bruit des vengeances de la Convention.

Quelques efforts diplomatiques furent
aussi tentés pour disputer à la Convention
la proie qu'elle tenait déjà sous sa main de
fer. Le chevalier Ocaritz remit particuliè-
rement, au nom du cabinet de Madrid, une
note politique où le salut de Louis XVI
semblait pouvoir être le prix de la neutra-

lité de l'Espagne dans la coalition de l'Europe. La note était conçue en des termes réservés ; mais elle énonçait des jugements trop vrais sur les violences de la Convention pour ne point allumer davantage ses sombres colères. La lecture qui en fut faite, dans la séance du 28 décembre, y produisit une explosion de fureur.

D'autres démarches plus secrètes furent tentées au nom du cabinet de Naples ; mais elles furent vaines. La pitié se remuait jusque dans les âmes les plus noires. Danton proposa au ministère anglais, dit le conventionnel Dulaure, de sauver le roi ; il est vrai qu'il demandait un million. Par malheur, il ne se trouva point d'acheteur pour payer cette lâche humanité.

Mais peu s'en fallut qu'une négociation d'une autre nature n'épargnât à la France une grande honte. Le ministre Lebrun, par des émissaires secrets envoyés à Cologne, avait demandé que l'Autriche et la Prusse reconnussent la République, ou même que la Prusse toute seule sortît de la coalition ; Louis XVI eût été remis dans une place forte sur les bords du Rhin ; et le roi de Prusse eût été garant du traité. Mais la diplomatie était lente, et le crime se hâtait.

XIV

Pendant que les protocoles allaient à Vienne chercher des résolutions de chancelleries, la Convention courait au dénouement de son sinistre drame. Elle avait décrété, le 12 décembre, après trois heures de débats, que Louis XVI aurait la faculté de se choisir un conseil de défense ; et, sur la communication de ce décret, Louis avait désigné les deux plus célèbres avocats de Paris : Target, l'un des premiers qui, dès 1789, s'étaient aventurés à la poursuite des réformes, et Tronchet. Ce dernier, formé aux luttes politiques par les orages de l'Assemblée constituante, dont il avait été un des membres laborieux, accepta, sans hésiter, la mission glorieuse qui tombait du cœur d'un proscrit sur son nom.

Target, au contraire, parole sonore, mais cœur pusillanime, déclina, dans une lettre froidement atroce, la périlleuse gloire de ce choix. Il écrivit à la Convention, le 12 décembre, que des motifs de santé l'empêchaient de se charger d'un si grand office. « Un homme libre et républicain, ajoutait-» il, ne peut d'ailleurs consentir à accepter

» des fonctions dont il se sent entièrement
» incapable. » Cette faiblesse, loin de popu-
lariser Target, le rendit l'objet de la pitié
de tous les partis.

Pour l'honneur de ces temps funestes,
le même jour, la Convention recevait deux
lettres d'une autre sorte : « J'ai été appelé
» deux fois au conseil de celui qui fut mon
» maitre dans le temps que cette fonction
» était ambitonnée par tout le monde. Je
» lui dois le même service, lorsque c'est une
» fonction que bien des gens trouvent dan-
» gereuse. » Ainsi s'exprimait Lamoignon
de Malesherbes ; le même qui avait autre-
fois secondé l'action des idées modernes,
ne prévoyant pas le terme fatal où elles
devaient aboutir. Malesherbes priait le président d'avertir Louis XVI qu'il était prêt à
se dévouer à sa défense. Le second Français était d'un nom moins illustre ; il signait
Sourdat, citoyen de Troyes. Il demandait
à la Convention l'honneur d'être appelé
pour cet office redoutable de défendre
Louis XVI, s'il était vrai, *comme le disait
la renommée*, qu'on lui accordât le droit
d'être défendu.

Mais Tronchet était agréé avec Malesherbes ; l'un et l'autre demandèrent qu'on

leur adjoignit de Sèze, jeune et brillant avocat de Bordeaux. De Sèze dut à ce choix dont il était digne, car il en était fier, la célébrité d'une longue vie, la première magistrature de la justice sous un autre règne et l'illustration de son nom perpétuée dans sa race.

Ainsi s'organisa la marche de ce procès inique, où les juges faisaient la loi, l'accusation, la défense, la justice entière.

La procédure s'engagea dans les formalités d'un interrogatoire plein de haine et en quelque sorte respirant la mort. « Dès » que j'eus la permission d'entrer dans la » prison du roi, dit Malesherbes, j'y cou- » rus; à peine m'eût-il aperçu qu'il quitta » un Tacite ouvert devant lui sur une petite » table; il me serra dans ses bras; ses » yeux devinrent humides; les miens se » remplirent de larmes, et il me dit : Votre » sacrifice est d'autant plus généreux que » vous exposez votre vie et que vous ne » sauverez pas la mienne..... J'en suis » sûr, ajouta-t-il, ils me feront périr; ils » en ont le pouvoir et la volonté; n'im- » porte, occupons-nous de mon procès, »comme si je pouvais le gagner, et je le

» gagnerai en effet, puisque la mémoire
» que je laisserai sera sans tache. »

Les détails laissés par Malesherbes sur
les apprêts d'une défense que le roi jugeait
inutile sont pleins d'intérêt. Tronchet avait
accepté sa mission avec quelques dispositions
peu favorables; la candeur de Louis XVI
le remplit de dévouement et d'amour.
« Quand de Sèze eut fini son plaidoyer, dit
» Malesherbes, il nous le lut. Je n'ai rien
» entendu de plus pathétique que sa péro-
» raison. Tronchet et moi nous en fûmes
» touchés jusqu'aux larmes. Le roi lui dit :
» Il faut la supprimer ; je ne veux pas les
» attendrir. Une fois que nous étions seuls,
» ce prince me dit : J'ai une grande peine ;
» de Sèze et Tronchet ne me doivent rien ;
» ils me donnent leur temps, leur travail,
» peut-être leur vie ; comment reconnaître
» un tel service ? Je n'ai plus rien, et quand
» je leur ferais un legs, ils ne l'acquitte-
» raient pas. — Sire, leur conscience, l'Eu-
» rope, la postérité se chargera de leur
» récompense. Vous pouvez leur en accor-
» une qui les comblera. — Laquelle ? —
» Embrassez-les. Le lendemain, il les
» pressa contre son cœur, et tous les deux.
» fondirent en larmes. » De Sèze et Tron-

chet se sentirent payés; ils avaient reçu tout ce qu'ils ambitionnaient, le salaire de larmes d'un malheureux abandonné de tous ses sujets, le geste de reconnaissance d'un mourant.

Cependant Louis XVI songeait à s'armer pour cette grande épreuve du jugement; il s'occupait de sanctifier son sacrifice. Sa sœur lui avait indiqué un prêtre qui n'avait point prêté serment, et il chargea Malesherbes d'aller le trouver pour le disposer au saint office qu'il aurait à rendre quand le moment serait venu. « Voilà, dit » Louis XVI avec un triste sourire à son » vieux ministre, une commission bien » étrange pour un philosophe! car je sais » que vous l'êtes; mais si vous deviez » souffrir autant que moi, et que vous dus- » siez mourir comme je vais le faire, je » vous souhaiterais les mêmes sentiments » de religion qui vous consoleraient bien » plus que la philosophie. »

Telle était l'âme de ce roi, poursuivi_à mort pour ses *crimes!*

XV

Le mercredi, 26 décembre, Louis XVl

comparut de nouveau à la barre de la Convention avec ce calme et cette dignité ferme qui ne l'abandonnèrent jamais, et de Sèze alla prononcer sa défense. Defermont des Chapelières, député de la Bretagne, présidait ce jour-là l'Assemblée (1).

On a reproché à de Sèze d'avoir fait un plaidoyer judiciaire plutôt qu'une harangue politique; mais la royauté elle-même semblait demander à être absoute, lorsqu'il lui appartenait, vaincue et enchaînée qu'elle était, de condamner les bourreaux qui la jugeaient. L'imagination de la postérité regrette dans cette cause les éclats d'une parole de génie; mais l'histoire admire le calme d'une défense entourée de périls.

Le discours de de Sèze ne manqua point cependant d'un certain éclat, de cet éclat surtout que donne la logique. Il avait à défendre un roi qui n'était plus roi. Ses actes royaux ne pouvaient tomber sous la loi faite pour la condition commune des citoyens. De Sèze fut triomphant dans l'ex-

(1) La Constituante avait arrêté dans ses règlements que le président de l'Assemblée serait changé tous les quinze jours; la Législative et la Convention suivirent le même exemple.

posé de ces idées si simples et si droites; et ce ne fut point un timide élan d'éloquence que celui qui l'entraîna à ces paroles célèbres :

« Citoyens, je vous parle avec la fran-
» chise d'un homme libre; je cherche
» parmi vous des juges, et je n'y vois que
» des accusateurs. Vous voulez prononcer
» sur le sort de Louis, et c'est vous-mêmes
» qui l'accusez ! Vous voulez prononcer sur
» le sort de Louis, et vous avez déjà émis
» votre vœu ! Vous voulez prononcer sur
» le sort de Louis, et vos opinions parcou-
» rent l'Europe ! Louis sera donc le seul
» Français pour lequel il n'existera aucune
» loi ni aucune forme ! Il n'aura ni les
» droits du citoyen ni les prérogatives du
» roi ! Il ne jouira ni de son ancienne con-
» dition ni de la nouvelle ! Quelle étrange
» et inconcevable destinée ! »

Après quoi l'habile avocat se mit à parcourir la vie politique du monarque et à attaquer en face les accusations que la haine amassait sur sa tête. Mais il y avait dans cette défense quelque chose qui révélait l'inutilité de la lutte. Le dernier mot de Sèze fut un cri jeté vers l'avenir; il avait tout dit pour justifier le roi devant un tri-

bunal sans passion. « Citoyens, je m'arrête
» devant l'histoire, s'écria-t-il en finissant;
» songez qu'elle jugera votre jugement, et
» que le sien sera celui des siècles.

Mais les âmes étaient fermées à l'impression d'une telle justice. La terreur d'une part, la haine de l'autre, les enchaînaient au crime. Puis, c'était une désolante chose de voir le roi sanctionner la fureur par l'apologie.

Après le discours de de Sèze, Louis, prenant la parole, lut une note ainsi conçue :
« Citoyens, on vient de vous exposer mes
» moyens de défense, je ne les renouvelle-
» rai point. En vous parlant peut-être pour
» la dernière fois, je vous déclare que ma
» conscience ne me reproche rien, et que
» mes défenseurs ne vous ont dit que la
» vérité. Je n'ai jamais craint que ma con-
» duite fût examinée publiquement; mais
» mon cœur est déchiré de trouver dans
» l'acte d'accusation l'imputation d'avoir
» voulu faire répandre le sang du peuple,
» et surtout que les malheurs du 10 août
» me sont attribués. J'avoue que les preuves
» multipliées que j'avais données dans tous
» les temps de mon amour pour le peuple,
» et la manière dont je m'étais toujours

» conduit, me paraissaient devoir prouver
» que je craignais peu de m'exposer pour
» épargner son sang et éloigner à jamais
» de moi une pareille imputation. »

« N'avez-vous pas autre chose à ajouter
» pour votre défense, lui dit le président?
» — Non. — Vous pouvez vous retirer. »
Il était une heure après midi.

A peine Louis XVI eut-il quitté la Convention qu'un orage violent y éclata. La discussion s'engage d'abord sur la suite à donner à l'accusation. Lanjuinais prononce un discours énergique, souvent interrompu par les vociférations des tribunes et les emportements des députés montagnards. Il accuse la Convention de s'être déshonorée en se constituant juge de Louis XVI par un décret rendu *dans une minute.* « Vous se-
» riez, dit-il, les conspirateurs du 10 août,
» les accusateurs, le jury d'accusation, le
» jury de jugement, les juges!... Vous ne
» pouvez rester juges de l'homme désarmé,
» duquel plusieurs d'entre vous ont été les
» ennemis directs et personnels, puisqu'ils
» ont tramé l'invasion de son domicile et
» qu'ils s'en sont vantés. Vous ne pouvez
» rester juges, applicateurs de la loi, jurés
» d'accusation, jurés de jugement, ayant

» tous ou presque tous ouvert vos avis;
» l'ayant fait, quelques-uns de vous, avec
» une férocité scandaleuse. Pour moi, j'aime
» mieux mourir que de condamner à mort,
» avec la violation des formes, même le
» tyran le plus abominable. » Et il termine
en demandant que l'Assemblée rapporte
son décret d'accusation.

Loin d'être ramenés par ces considérations à quelque sentiment de justice et d'humanité, les chefs de la Montagne, Robespierre, Danton, Marat, Duhem, Billaud-
Varennes, Couthon et quelques autres
Montagnards invoquent avec des cris de
fureur le jugement *sans désemparer et par
appel nominal.*

Kersaint appuie la motion de Lanjuinais
en disant : « Nous sommes les juges de
» Louis, et non ses bourreaux. »

« Je déclare, s'écrie Salles, que je ne
» suis pas libre ici et qu'on me fait délibé-
» rer sous le couteau. »

Lehardy parle dans le même sens. Interrompu outrageusement par les cris de
rage des hommes du 10 août, il les apos-
trophe ainsi : « Je n'apporte pas des hurle-
» ments à cette tribune; je n'y apporte que

» l'austère vérité. Je conclus à l'ajourne-
» ment du procès. »

A ces mots, les hommes les plus sanguinaires de l'Assemblée, Thuriot, Dubois,
Duhem, Legendre, Tallien, Billaud-Varennes, Julien, Camille Desmoulins et un
grand nombre d'autres se lèvent sur leurs
banquettes, agitant des poignards, des pis-
tolets, poussant des cris de rage et menaçant d'égorger les ajournants. Les tribunes, remplies de scélérats et de furies,
répètent la menace. Les mots ne suffisent
plus à l'explosion des colères; les attitudes
achèvent les mots. Le président est obligé
de se couvrir. Après une heure d'agitation,
le calme se rétablit enfin, et l'Assemblée,
sur la proposition de Couthon, déclare que
la discussion est ouverte sur le jugement
de Louis XVI et qu'elle sera continuée,
toute autre affaire cessante, jusqu'à ce que
l'arrêt soit rendu.

La discussion est donc reprise le lendemain. Saint-Just paraît à la tribune. La
présence de Louis XVI, humilié, vaincu et
serein encore dans l'infortune, a fait naître
quelques objections dans son esprit; mais
il répond à ces objections en appelant Louis
un tyran modeste et ce soupçe et en l'accusant

d'avoir employé tous les moyens de la plus profonde perfidie pour opprimer le peuple, corrompre les défenseurs de la liberté et comploter, jusqu'au 10 août, avec les ennemis de la France. D'autres orateurs succèdent à Saint-Just.

Cependant un parti avait osé faire planer au-dessus de la Convention une juridiction plus souveraine ; et cette logique ressemblait à une sorte de clémence : c'était le même parti Girondin, qui semblait appelé à prendre part aux crimes en les maudissant ; malheureux parti, tourmenté de pensées libres, obéissant au mal et bourrelé de remords. Ce parti, emporté par les théories, mais glacé par la pratique de la liberté des révolutions, avait entrevu l'avénement d'une tyrannie sous laquelle fléchiraient toutes les têtes, et il essaya de disputer à Robespierre le droit absolu de tuer Louis XVI, en formulant la théorie de l'appel au peuple.

Le Girondin Salles, celui de tous qui se prêtait le mieux aux imaginations de Louvet et qui même le surpassait dans les suppositions de complots imaginaires ; Salles proposa et soutint le premier le système de l'appel au peuple. Cette opinion fut écoutée avec des dispositions très diverses.

Joseph Serres, député des Hautes-Alpes, se rétracta de sa première opinion, qui était pour le jugement, et demanda l'appel au peuple.

Barbaroux combattit la justification de Louis XVI, sans prendre des conclusions ; car il n'osait l'absoudre contre le vœu de ses commettants, ni le condamner contre celui de ses amis.

Buzot se prononça pour l'appel au peuple ; toutefois il modifia l'opinion de Salles et demanda que la Convention prît elle-même l'initiative en votant la mort et en n'exigeant des Assemblées primaires que la simple ratification de ce jugement.

« Quant à moi, dit Rabaud-Saint-Étienne,
» indigné de cette cumulation de pouvoir
» qu'exerçait la Convention, je suis las de
» ma portion de despotisme ; je suis fati-
» gué, harcelé, bourrelé de la tyrannie que
» j'exerce pour ma part, et je soupire après
» le moment où vous aurez créé un tribu-
» bunal national qui me fasse perdre les
» formes et la contenance d'un tyran... Que
» le législateur ne soit pas juge ; ni le juge,
» législateur. Si vous êtes juges, endossez
» le manteau du magistrat, dressez un tri-

» bunal, citez les accusés, écoutez les té-
» moins; mais ne faites point des lois. Si
» vous êtes législateurs, faites des lois;
» mais ne jugez pas... En effet, si les juges
» sont en même temps législateurs; s'ils
» décident la loi, les formes, le temps; s'ils
» accusent et s'ils condamnent; s'ils ont
» toute la puissante législative, exécutive
» et judiciaire, ce n'est pas en France, c'est
» à Constantinople, c'est à Lisbonne, c'est à
» Goa qu'il faut aller chercher la liberté...
» La politique, dites-vous, demande que ce
» soit nous qui jugions Louis ! La politique,
» au contraire, vous le défend... Lorsque
» Cromwell, caché derrière les agitateurs
» qu'il faisait mouvoir, poursuivait la tête
» de Charles, dans le dessein de le rempla-
» cer; lorsque les Communes, s'érigeant en
» parlement, tirèrent de leur sein une
» chambre pour juger le tyran, quelques
» formes légales furent observées par ce
» tribunal d'une espèce nouvelle; et ce-
» pendant l'histoire a blâmé les Anglais,
» non parce qu'ils avaient jugé un roi,
» mais parce que les Communes, secrète-
» ment pressées par Cromwell, s'étaient ar-
» rogé le droit de juger; parce qu'elles n'a-
» vaient pas consulté les formes régulière-

» ment établies. Les partisans secrets de
» Cromwel disaient bien alors, comme on
» dit aujourd'hui, qu'un roi est un monstre
» politique dont un peuple libre doit se dé-
» barasser; que la royauté est un crime;
» qu'il faut donner un grand exemple à la
» terre. Le parlement déclara que l'Angle-
» terre était une république, et ce fantôme
» mensonger subsista même quelques an-
» nées. Cromwell, pour mieux cacher ses
» desseins, se jeta dans la secte des presby-
» tériens politiques et joua publiquement la
» dévotion. Mais, bientôt, trompant les in-
» dépendants de bonne foi, il finit par cas-
» ser le parlement et s'arroger une puis-
» sance absolue. Ce fut ainsi que les juges
» même de Charles furent dupes de leur
» usurpation, et que les hypocrites triom-
» phèrent. Et ce même peuple, ce peuple
» de Londres qui avait tant pressé le sup-
» plice du roi, fut le premier à maudire ses
» juges et à se prosterner devant son suc-
» cesseur. Lorsque Charles II monta sur le
» trône, la ville lui donna un superbe re-
» pas; le peuple se livra à la joie la plus
» extravagante, et il courut assister au sup-
» plice de ces mêmes juges que Charles II
» immola depuis aux mânes de son père.

» Peuple de Paris, parlement de France,
» m'avez-vous entendu ?... »

Henri Larivière, en émettant une opinion favorable au roi, dirigea une attaque contre le duc d'Orléans qui siégeait entre Tallien et Collot-d'Herbois; Philippe-Egalité en ressentit de l'épouvante et faillit s'évanouir.

Viennet reprocha courageusement à la Convention d'accumuler tous les pouvoirs, abus qu'il traita de monstruosité, se regardant incompétent pour prononcer dans cette cause; son opinion fut une des plus fortes en logique de toutes celles qu'on exposa dans cette circonstance.

Le député qui surpassa ses collègues en courage, qui brava de la manière la plus audacieuse les invectives de **Marat**, de **Danton** et de **Billaud-Varennes**, fut Morisson. Il soutint que la déchéance était la seule peine applicable au roi, et il conclut au bannissement de Louis XVI et de sa famille, en leur accordant 500,000 fr. de pension.

Duchâtel, jeune cultivateur des Deux-Sèvres, prononça un discours simple, mais éloquent, et déclara que, selon lui, Louis XVI ne pouvait être jugé. Les Jacobins l'accablèrent d'insultes, en lui criant de retourner à sa charrue ; Duchâtel aurait pu répondre : « Et vous, à vos massacres. »

Faure demanda le rapport de tous les décrets portant la mise en jugement.

Le sombre Robespierre reparaît, tout plein de colère et d'amertume ; son discours respire la haine du monarque et de la royauté ; on sent déjà l'astucieux Cromwell qui se fait hypocrite pour mieux régner un jour, sinon par le droit, du moins par l'audace et la terreur. Il combat adroitement l'appel au peuple par la menace de la guerre civile et conclut en demandant que Louis XVI soit sur-le-champ déclaré coupable et condamné à mort.

Vergniaud prend enfin la parole pour la première fois, dans la séance du 31 décembre, et soutient avec énergie, contre Robespierre et ses partisans, la proposition de l'appel au peuple : « On nous accuse,
» s'écrie-t-il, on nous représente comme
» des conspirateurs contre la liberté, comme
» des amis de la royauté, parce que nous
» venons demander la sanction du peuple
» sur le jugement de Louis ! On nous ac-
» cuse ! certes, je n'en suis pas étonné ; il
» est des hommes dont chaque souffle est

» une imposture, comme il est de la nature
» du serpent de n'exister que pour la dis-
» tillation du venin. « A ces mots, Robespierre dut frissonner de colère et de vengeance. « On nous accuse! Ah! si nous
» avions l'insolent orgueil ou l'hypocrite
» ambition de nos accusateurs, nous dirions
» avec quel courage nous avons constam-
» ment lutté contre la tyrannie des rois et
» contre la tyrannie plus dangereuse encore
» des brigands qui, dans le mois de sep-
» tembre, voulurent fonder leur puissance
» sur les débris du trône; nous dirions sur-
» tout que le 10 août nous n'avons quitté ce
» fauteuil que pour venir à cette tribune
» demander le décret de suspension de
» Louis, tandis que tous ces vaillants Bru-
» tus, si prêts à égorger les tyrans désar-
» més, ensevelissaient leurs frayeurs dans
» un souterrain et attendaient l'issue du
» combat. » L'outrage était sanglant; Robespierre en pâlit de rage. « On nous ac-
» cuse, on nous dénonce, comme on fai-
» sait le 2 septembre, au fer des assassins!
» On nous accuse de vouloir allumer la
» guerre civile, en soutenant l'opinion de
» l'appel au peuple! Mais pourquoi cette
» opinion exciterait-elle des troubles? Parce

» que de prétendus amis de la liberté me-
» nacent de la mort les citoyens qui ont le
» malheur de ne pas raisonner comme eux.
» Serait-ce ainsi qu'on voudrait nous prou-
» ver que la Convention nationale est libre!
» Il y aura des troubles dans Paris? et c'est
» vous qui l'annoncez? J'admire la sagacité
» d'une pareille prophétie. Ne vous sem-
» ble-t-il pas, en effet, très-difficile,
» citoyens, de prédire l'incendie d'une
» maison, alors qu'on y porte soi-même la
» torche qui doit l'embrâser?

» Oui, ils veulent la guerre civile, les
» hommes qui font un précepte de l'assas-
» sinat, des crimes, de la tyrannie, et qui,
» en même temps, désignent comme amis
» de la tyrannie les victimes que leur haine
» veut immoler! Ils veulent la guerre civile,
» les hommes qui appellent les poignards
» contre les représentants de la nation et
» l'insurrection contre les lois! Ils veulent
» la guerre civile, les hommes qui deman-
» dent la dissolution du gouvernement,
» l'anéantissement de la Convention; ils
» demandent l'anéantissement de la Con-
» vention, la dissolution du gouvernement,
» les hommes qui érigent en principe,
» non pas, ce que personne ne désavoue,

» que dans une grande assemblée une mi-
» norité peut quelquefois rencontrer la
» vérité, et la majorité tomber dans l'er-
» reur, mais que c'est à la minorité à se
» rendre juge des erreurs de la majorité, à
» légitimer l'insurrection contre le vœu de
» la majorité ; que c'est aux Catilina à régner
» dans le sénat ; que la volonté particulière
» doit être substituée à la volonté générale,
» et la tyrannie à la liberté ! Ils veulent la
» guerre civile, les hommes qui enseignent
» ces maximes éversives de tout ordre so-
» cial dans cette tribune, dans les assem-
» blées populaires, dans les places publi-
» ques ! Ils veulent la guerre civile, les
» hommes qui accusent la raison d'un Feuil-
» lantisme perfide, la justice d'une désho-
» rante pusillanimité, et l'humanité, la
» sainte humanité, de conspiration ; ceux
» qui proclament traître tout homme qui
» n'est pas à la hauteur du brigandage et
» de l'assassinat ; ceux enfin qui perver-
» tissent toutes les idées de morale et qui,
» par des discours artificieux, des flagorne-
» ries hypocrites, ne cessent de pousser le
» peuple aux excès les plus déplorables !...
» Insensés ! avez-vous pu vous flatter que
» la France a brisé le sceptre des rois pour

» courber la tête sous un joug aussi avi-
» lissant?.....

» On a parlé de courage, de grandeur
» d'âme ; ce serait, dit-on, une faiblesse de
» ne pas faire exécuter votre jugement avant
» d'avoir pris le vœu du peuple! Il fallait
» du courage, le 10 août, pour attaquer
» Louis dans sa toute-puissance. En faut-il
» pour envoyer au supplice Louis vaincu et
» désarmé? Un soldat Cimbre entre dans la
» prison de Marius pour l'égorger. Effrayé
» à l'aspect de sa victime, il s'enfuit sans
» oser le frapper. Si ce soldat eût été mem-
» bre d'un sénat, doutez-vous qu'il eût hé-
» sité à voter la mort du tyran? Quel cou-
» rage trouvez-vous à faire un acte dont un
» lâche serait capable?...

» Citoyens, n'avez-vous pas entendu dans
» cette enceinte et ailleurs des hommes crier
» avec fureur : Si le pain est cher, la cause
» en est au Temple; si le numéraire est rare,
» si nos armées sont mal approvisionnées,
» la cause en est au Temple; si nous avons
» à souffrir chaque jour du spectacle de
» l'indigence, la cause en est au Temple?
» Ceux qui tiennent ce langage n'ignorent
» pas cependant que la cherté du pain, le
» défaut de circulation dans les subsis-

» tances, la mauvaise administration dans
» les armées et l'indigence, dont le spec-
» tacle nous afflige, tiennent à d'autres
« causes que celles du Temple. Quels sont
» donc leurs projets ? Qui garantira que ces
» hommes qui s'efforcent continuellement
» d'avilir la Convention, et qui peut-être y
» auraient réussi si la majesté du peuple
» qui réside en elle pouvait dépendre de
» leurs perfidies; que ces mêmes hommes
» qui proclament partout qu'une nouvelle
» révolution est nécessaire, qui font décla-
» rer telle ou telle section en état d'insur-
» rection permanente, qui disent à la Com-
» mune que lorsque la Convention a suc-
» cédé à Louis, on n'a fait que changer de
» tyrans, et qu'il faut une autre journée du
» 10 août; que ces mêmes hommes, qui pu-
» blient dans les assemblées de section et
» dans leurs écrits qu'il faut nommer un
» *défenseur* à la République, qu'il n'y a
» qu'un *chef* qui puisse la sauver; qui me
» garantira, dis-je, que ces mêmes hommes
» ne crieront pas, après la mort de Louis,
» avec la plus grande violence : Si le pain
» est cher, la cause en est dans la Conven-
» tion; si le numéraire est rare, si nos ar-
» mées sont mal approvisionnées, la cause

» en est dans la Convention ; si la machine
» du gouvernement se traîne avec peine, la
» cause en est dans la Convention chargée
» de la diriger ; si les calamités de la guerre
» se sont accrues par la déclaration de
» l'Angleterre et de l'Espagne, la cause en
» est dans la Convention, qui a provoqué
» ces déclarations par la condamnation pré-
» cipitée de Louis ? Qui me garantira que
» dans cette nouvelle tempête, où l'on verra
» ressortir de leur repaires les tueurs du
» 2 septembre, on ne vous présentera pas
» tout couvert de sang et comme un libéra-
» teur ce *défenseur*, ce *chef* que l'on dit être
» devenu si nécessaire ? Un chef ! ah ! si
» telle était leur audace, il ne paraîtrait que
» pour être à l'instant percé de mille coups.
» Mais à quelles horreurs ne serait pas li-
« vré Paris ; Paris, dont la postérité ne con-
» cevra pas l'ignominieux asservissement
» à une poignée de brigands, rebut de l'es-
» pèce humaine, qui s'agitent dans son sein
» et le déchirent en tous sens par les mou-
» vements convulsifs de leur ambition et de
» leur fureur ? Qui pourrait habiter une cité
» où régneraient la désolation et la mort ? »

Vergniaud osait braver Robespierre ; il
jetait à la Convention la perspective d'une

tyrannie pleine de meurtres. Et puis, il s'écriait encore : « Et vous, citoyens indus-trieux, dont le travail fait toute la richesse
» et pour qui les moyens de travail seraient
» détruits ; vous qui avez fait de si grands
» sacrifices à la Révolution, et à qui on en-
» lèverait les derniers moyens d'exister ;
» vous, dont les vertus, le patriotisme ar-
» dent et la bonne foi ont rendu la séduc-
» tion si facile, que deviendriez – vous ?
» Quelles seraient vos ressources ? Quelles
» mains essuieraient vos larmes et porte-
» raient des secours à vos familles déses-
» pérées ? Iriez-vous trouver ces faux amis,
» ces perfides flatteurs qui vous auraient
» précipités dans l'abime ? Ah ! fuyez-les ;
» redoutez leur réponse ! Je vais vous l'ap-
» prendre. Vous leur demanderiez du pain ;
» ils vous diraient : Allez dans les carrières
» disputer à la terre quelques lambeaux
» sanglants des victimes que nous avons
» égorgées ! Oui, voulez-vous du sang ? pre-
» nez ; en voici. Du sang et des cadavres,
» nous n'avons pas d'autre nourriture à
» vous offrir... Vous frémissez, citoyens ! ô
» ma patrie ! je demande acte, à mon tour,
» des efforts que je fais pour te sauver de
» cette crise déplorable ! »

C'était là une éloquence effroyable et digne de ces temps de meurtres et de vengeances. L'Assemblée palpitait sous la parole du Girondin ; Robespierre était atterré. Et lorsque Vergniaud se sentit maître de ses émotions, il s'arrêta pour s'écrier : «Mais » non, ils ne luiront jamais sur nous, ces » jours de deuil ! Ils sont lâches, les assas- » sins ; ils sont lâches, nos petits Marius !» Et devançant l'avenir, il annonçait une réaction du peuple contre la tyrannie qui maintenant le tenait dans la stupeur ; enfin, il arrivait de la sorte à la conclusion de sa harangue, qui était l'invocation de l'intervention souveraine de ce même peuple dans le procès fatal de Louis XVI. «Le » peuple, qui a promis l'inviolabilité à » Louis, peut seul déclarer qu'il veut user » du droit de punir, auquel il avait renoncé. » Des considérations puissantes vous pres- » crivent de vous conformer aux principes. » Si vous y êtes fidèles, vous n'encourrez » aucun reproche ; et si le peuple veut la » mort de Louis, il l'ordonnera. Si, au con- » traire, vous les violez, vous encourrez » au moins les reproches de vous être » écartés de votre devoir. Et quelle ef- » frayante responsabilité cette déviation

» ne ferait-elle pas peser sur vos têtes ! »

Tel fut le cri d'appel au peuple poussé par le chef de la Gironde : on eût dit un cri de la conscience déchirée. Cependant, Vergniaud avait ébranlé, mais n'avait pas entraîné l'Assemblée qui hésitait encore entre les deux partis. Parmi les députés qui appuyèrent l'opinion de l'éloquent Girondin brilla Lanjuinais, sorte de puritain dans la République, bravant les clameurs de l'Assemblée, les huées des tribunes et les menaces des assassins. Brissot, par un sentiment de haine pour Robespierre, était conduit à une opinion semblable ; il opposait à la menace de la tyrannie la force des assemblées primaires, et cette lutte tenait lieu d'humanité. Au contraire, le plus emporté des adversaires de l'appel au peuple, fût Lepelletier de Saint-Fargeau, ancien président au parlement. La Révolution était pleine de contrastes ; jamais la nature humaine ne se révéla avec plus de misères ; la peur était la conseillère des crimes ; et l'histoire, dans ses anathèmes, ne sait pas si elle doit avoir plus de pitié que d'horreur.

Mais Barrère et Robespierre dominèrent à la fois les furieux, les vertueux et les lâches. Il y avait surtout dans le langage de Robespierre une certaine inspiration d'autorité qui ressemblait à une fascination. La Convention était vouée à son empire comme à une fatalité.

Acharnés à la perte du roi, les Conventionnels les plus sanguinaires ne cessaient de demander sa prompte condamnation. La soif du crime les dévore; il leur faut le sang d'un roi. Pendant vingt jours, ce qu'il y a de plus atroce parmi les motionnaires du club des Jacobins assiége la barre; ce qu'il y a de plus révoltant en théories politiques est exprimé à découvert dans les adresses qu'envoient les comités révolutionnaires; tout se dispose dans cette enceinte pour assurer l'arrêt de mort. Les députés sont obligés de passer entre deux rangs d'assassins pour arriver à leur poste. Durant le trajet, ceux que l'on signale comme professant des opinions modérées sont accueillis par des huées et des menaces; on leur montre les listes de proscription sur lesquelles le nom de chacun d'eux est inscrit. De moment en moment, des envoyés des comités révolutionnaires arrivent chargés de présenter des adresses qui demandent la mort du tyran. Robespierre, Danton, Collot-d'Herbois, Saint-Just, Barrère, Tallien, Pétion, tiennent en réserve, pour frapper des coups décisifs, ces bêtes féroces que leur infernale prévoyance avait attirées dans Paris pour la journée du 10 août; ramas exécrable de forçats, de malfaiteurs, de contrebandiers, d'étrangers vagabonds, tous désignés sous le nom de *Marseillais*. Ils se sont assurés du maire Chambon, du commandant-général Santerre, du ministre de la justice Garat.

Aucun de ces moyens, que le génie du crime sait inventer, n'a été négligé pour épouvanter, pour abattre cette immense population de Paris; la gendarmerie a été dissoute, l'état-major de la garde nationale supprimé, les compagnies d'élite réformées, les administrateurs du département, qui avaient essayé de prévenir la catastrophe du 10 août, ont tous, à l'exception du procureur-syndic Rœderer, déposé leurs fonctions. Les prisons se peuplent : des assassinats combinés se multiplient, et leurs auteurs ne sont pas même recherchés. Les habitants de toute condition sont frappés de stupeur; leur activité morale est anéantie; environnés de périls et d'horreurs, ils semblent avoir perdu l'idée de l'avenir; leurs facultés restent suspendues; le sentiment est comme desséché; personne ne sait à quelle époque il vit, quel est le maitre du jour, quel attentat se prépare, quel est le tumulte qui fait retentir les airs, ce que présagent ces cris sinistres qui les déchirent. Une sombre affliction est partout répandue; le courage de l'opposition aux méchants ne se rencontre nulle part. La démence convulsionnaire de quelques brigands fait seule un effrayant contraste avec cette torpeur universelle; car les plébéïens des derniers rangs eux-mêmes ont perdu leur effervescence; ils cèdent en silence machinalement à l'impulsion de ceux qui les conduisent, de ceux qu'ils sont habitués à voir leurs chefs dans les insurrections, de ces monstres dont ils ne pénètrent pas les noirs desseins, quoique la consommation du régicide ait été si hautement annoncée.

Tel est le sombre tableau qu'offre Paris depuis le commencement des débats de cette odieuse procédure, et qu'il offrira jusqu'au dernier jour de l'infortuné Louis **XVI**.

XVI

Ainsi se précipitait le drame; on n'eut

plus qu'à l'achever en toute hâte par le scrutin. Le parti Girondin tentait encore la résistance en se réfugiant dans les formalités; mais la Montagne étouffa les voix qui essayèrent de s'élever pour la clémence. Toutefois, on lui laissa rédiger les questions juridiques que la Convention aurait à résoudre. Ce fut Boyer-Fonfrède qui les formula en ces termes : 1º Louis-Capet, ci-devant roi des Français, est-il coupable de conspiration contre la liberté de la nation et d'attentat contre la sûreté générale de l'état ? 2º Le jugement qui sera rendu sera-t-il soumis à la ratification du peuple réuni dans ses assemblées primaires? 3º Quelle peine Louis a-t-il encourue ? Le parti Girondin croyait tendre un piége aux consciences bourrelées; il leur ouvrit un abîme où lui-même allait s'engloutir.

Toute la journée du 14 janvier (1793) avait été occupée à poser les questions; celle du 15 fut réservée à l'appel nominal. Sur la proposition de Buzot, l'Assemblée avait décidé que chaque membre prononcerait son vote à la tribune; que ce vote pourrait être motivé, qu'il serait écrit et signé; que les absents sans cause seraient censurés, mais que ceux qui rentreraient pourraient émettre leur vote, même après l'appel nominal. Enfin, ce fatal appel commença sur la première question. L'Assemblée se composait de 749 membres. 1 mort, 8 absents pour cause de maladie 20, absents par commission de l'Assemblée, 37, en motivant leur vote de diverses manières, reconnaissent Louis XVI coupable, mais se déclarent incompétents pour prononcer un jugement et ne demandant contre lui que des mesures de sûreté générale; 683 membres prononcent la culpabilité sans explication. Mais, entre tous les députés, il y en eut un qui fit frissonner la Convention; ce fut le duc d'Orléans.

Depuis quelque temps, ce nom se cachait dans les ombres : il avait à reparaître pour la consommation des crimes où il avait été mêlé. Lorsque ce mot *oui,* sortit de la bouche du prince, il partit, de tous les points de l'Assemblée, un murmure éclatant d'indignation qui suspendit l'appel nominal : c'était un cri de justice qui sortait de l'enfer.

Sur la deuxième question, 281 voix votèrent pour l'appel au peuple ; 423 le rejetèrent ; 29 membres étaient absents ; 4 refusèrent de voter ; 1 seul, Noël, se récusa ; 11 exprimèrent leur vote avec différentes con-

ditions. Et alors reparut encore Philippe-Égalité : « Je ne m'occupe que de mon de-
» voir, s'écria-t-il ; je dis NON ! » Et le même murmure de colère et de mépris se
» renouvela. Je dis *oui*, cria Duprat, d'A-
» vignon, avec d'autant plus de confiance
» que Philippe a dit *non*. » La flétrissure ressemblait à des coups de poignard.

Manuel alors monta à la tribune et y prononça ces étonnantes paroles : «Citoyens,
» je reconnais ici les législateurs, je n'y ai ja-
» mais vu des juges ; car des juges sont
» froids comme la loi ; des juges ne mur-
» murent pas ; des juges ne s'injurient pas,
» ne se calomnient pas. Jamais la Con-
» vention n'a ressemblé à un tribunal ; si
» elle l'eût été, certes, elle n'aurait pas vu
» le plus proche parent du coupable n'a-
» voir pas, sinon la conscience, du moins la
» pudeur de se récuser. C'est autant par
» délicatesse que par courage, autant pour
» honorer que pour sauver le peuple, que
» je demande sa sanction. »

Barrère se livra, dans cette séance, à des récriminations perfides contre le pouvoir absolu de nos rois, contre la féodalité ; et ses vaines déclamations contribuèrent puis-samment à décider cette effrayante majorité. L'artificieux orateur montra à cette foule de Conventionnels, aussi crédules que lâches, les désordres de l'intérieur et la conjuration des rois qui dureront aussi long-temps, disait-il, que vivra Louis Capet, et il représentait Louis XVI comme une victime qu'on était forcé d'immoler à la Concorde.

Enfin, arriva la troisième question sur laquelle s'attachait l'intérêt du monde. L'aspect de la ville était menaçant, l'aspect de l'enceinte était sinistre. Les Jacobins et la Commune, décidés à emporter la condamnation de Louis XVI comme une victoire personnelle sur leurs ennemis et à pousser la contrainte morale jusqu'à la violence, avaient rassemblé, depuis quelques jours, à Paris, toutes les forces dont leurs journaux, leurs correspondances et leurs affiliations dans les départements leur permettaient de disposer. Les meneurs des faubourgs avaient recruté leurs bandes de femmes et d'enfants en haillons, pour hurler la mort du tyran dans les rues qu'avoisinaient la Convention. La Théroigne de Méricourt et Saint-Hurugue, les assassins d'Avignon, les égorgeurs de septembre, les combattants du 10 août, les fédérés accumulés dans Paris avant de se rendre aux frontières; des volontaires et des soldats retenus à Paris par le ministre de la guerre Pache, pour grossir les séditions plus que pour les réprimer; une population étrangère à toute passion politique, mais sans ouvrage et sans pain, et trompant son désespoir par son agitation; ces masses de curieux que les grands spectacles font sortir de leur maison comme des essaims sortent de leurs ruches à l'approche des orages, et qui, sans passion individuelle, prêtent l'apparence du nombre à la passion de quelques uns; les contre-coups d'août et de septembre qui ébranlaient encore les imaginations: tout imprimait à la nuit du 16 janvier, où fut votée la troisième question, ce caractère d'impulsion irrésistible qui donne à une manifestation populaire la force d'un élément.

Le matin, un des vainqueurs de la Bastille, nommé Louvain, ayant osé dire dans sa section, au faubourg Saint-Antoine, qu'on pouvait affermir la République sans verser le sang de Louis XVI, un fédéré lui plongea pour toute réponse son sabre dans le cœur, et la populace traîna le blessé par les pieds, sur le pavé de la rue, jusqu'à ce qu'il eût rendu le dernier soupir.

Le soir, un colporteur de livres et de journaux, sortant d'un cabinet de lecture suspect de royalisme, dans la galerie du Palais-Royal, et accusé par un passant de distribuer des écrits favorables à l'appel au peuple, fut assassiné de trente coups de couteau par les promeneurs du jardin.

Les bandes de malfaiteurs, délivrés des prisons de la Conciergerie et du Châtelet par les assassins de septembre, avaient formé des rassemblements de scélérats, cherchant dans l'émotion publique l'occasion et le voile de forfaits impunis. Des dragons de la République, forçant les consignes de leurs casernes, se répandirent, le sabre à la main, dans les lieux publics, au Palais-Royal, aux Tuileries, en brandissant leurs armes et chantant les airs patriotiques à la mode. De là, ils se rendirent à l'église du Val-de-Grace, où étaient enfermés, dans des urnes de vermeil, les cœurs de plusieurs rois et reines qui avaient régné sur la France. Ils brisèrent ces urnes funèbres, foulèrent aux pieds ces reliques de la royauté et les jetèrent dans un égoût. Ce fanatisme de profanation, qui se vengeait, comme le fait la brute, sur des restes inanimés, annonçait moins la force que la démence de la liberté ; il disait assez, par de tels symptômes, quelle pitié attendait la royauté vivante, quand la royauté morte excitait de tels ressentiments.

Armés de sabres et de bâtons, les assassins, altérés du sang que leur promettent les Jacobins, occupent toutes les avenues de la salle où siége la Convention ; ils y attendent les députés, indiquant les douteux, menaçant les timides, applaudissant les inflexibles et poursuivant de cris féroces et gestes menaçants ceux qui, dans les séances précédentes, avaient parlé de clémence. Les factionnaires eux-mêmes, placés là pour protéger les représentants de la nation, donnent l'exemple de l'insulte et de la violence. D'autres s'emparent des tribunes, leurs figures hideuses paraissent encore plus effroyables à la pâle lueur de quelques flambeaux placés çà et là dans l'enceinte ; on voit briller la lame de leurs poignards ou de leurs sabres ; tout cet appareil est capable de frapper de terreur les hommes incertains. Vergniaud préside l'Assemblée.

Dès que l'appel nominal commença, les brigands qui occupaient les tribunes se mirent à éclater en horribles clameurs, poursuivant de leurs menaces les votants favorables au monarque déchu. De toutes ces interpellations homicides, la plus commune était celle-ci : *Ou sa tête ou la tienne !*

Ici l'histoire s'arrête effrayée ; elle ne saurait dire toute les opinions formidables par où allait s'achever la tragédie du régicide. Les votes les plus timides ne furent pas les moins atroces. Il y a des moments où la peur est plus implacable que le courage ; les uns allaient au crime avec résolution, les autres avec terreur ; tous s'y précipitèrent avec barbarie.

L'un disait : « La mort et l'exécution dans » les vingt-quatre heures. » C'était Léonard de Bourdon.

L'autre criait : « Je ne suis point de cette » foule d'hommes d'état qui ignorent qu'on » ne frappe les rois qu'à la tête ; je vote » pour la mort du tyran. » C'était Danton.

Un troisième joignait le persifflage au régicide : « Un roi mort, ce n'est point un » homme de moins ! » C'était Camille Desmoulins, le tribun du Palais-Royal ; puis il ajoutait : « Je vote pour la mort, mais » trop tard peut-être pour l'honneur de la » Convention. » Et la Convention, à ces mots, laissa échapper un rugissement.

» La mort sans phrases, » disait Sieyès.

» L'arbre de la liberté, s'écriait Barrère,
» ne peut croître qu'arrosé du sang des
» rois. »

» Un tyran ne ressemble pas à un hom-
» me; je vote pour la mort. » C'était Isa-
beau.

Lakanal : « Un vrai républicain parle
» peu; je vote pour la mort. »

Amar : « Louis est convaincu d'attentats
» contre la sûreté générale de l'État et de
» conspiration contre la liberté; sa vie pu-
» blique, depuis la Révolution, est un long
» tissu de crimes ; son existence est odieuse;
» sa mort est nécessaire pour consolider
» une révolution dont il serait l'éternel
» ennemi; ainsi le veut la liberté qu'il a
» outragée; ainsi l'ordonne l'égalité des
» droits; c'est le seul despotisme qui puisse
» nous diriger, j'en jure par Brutus, je le
» jure devant le peuple français : Je con-
» clus à la mort. »

Robespierre le jeune : « C'est parce que
» j'abhorre les hommes sanguinaires que
» je veux que le plus sanguinaire de tous
» subisse la mort. »

Michaud, du Doubs : « Un tyran n'est à

» mes yeux qu'un monstre : Que Louis pé-
» risse sous le glaive de la loi. »

La lecture de ces votes fait trembler. La Gironde était emportée ; à son tour , elle votait la mort, mais avec des tempéraments pour l'exécution. Retarder le crime, c'était toute l'humanité. Pilate de la monarchie et du roi, les Girondins livrèrent l'une au peuple, sans être convaincus de ses vices, et l'autre aux Jacobins , sans être convaincus de sa criminalité. Vergniaud et ses amis se firent, en cette occasion, par lâcheté , les exécuteurs de Robespierre. « La mort de Louis XVI, dit M. de Lamartine, fut l'acte » des Girondins. »

Enfin, une voix s'était élevée au milieu du plus profond silence : « Uniquement occupé » de mon devoir, convaincu que tous ceux » qui ont attenté ou attenteront par la suite » à la souveraineté du peuple, méritent la » mort, je vote pour la mort. » C'était le duc d'Orléans qui venait de parler.

A ces mots, l'Assemblée fut frappée comme d'un coup de foudre. Des cris d'horreur s'élevèrent de tous les coins de la salle et du fond des tribunes : *Oh ! l'horreur ! oh ! le monstre !* s'écrie-t-on avec des gestes d'effroi. Ses complices eux-mêmes s'écartent de lui par un mouvement involontaire; tout le monde l'accable d'invectives ; on aurait cru qu'il était le seul régicide dans cette caverne. Peu s'en fallut qu'en haine d'un tel juge les autres juges ne se maudissent eux-mêmes. Et ainsi, jusque dans l'excès du crime, éclatait la conscience de l'humanité. Philippe-Égalité put, dès-lors, pressentir qu'il n'échapperait pas à une justice plus redoutable.

Quelques voix cependant avaient protesté contre cette immense dégradation des âmes. Manuel, membre de la Commune, le même qu'on avait vu si ardent à poursuivre Louis XVI, fut frappé comme d'un remords, et il se mit à multiplier les moyens pour l'arracher au supplice. Il faillit être assassiné par ses collègues furieux, et il donna sa démission. Les démagogues le déclarèrent fou.

De Kersaint s'éloigna de même. Voici la lettre qu'il écrivit à la Convention ; c'est un des plus héroïques défis portés à la mort qui pût sortir de l'âme d'un citoyen. Ci- « toyens, disait-il, il m'est impossible de » supporter la honte de m'asseoir plus long- » temps dans l'enceinte de la Convention » avec des hommes de sang, alors que leur

» avis, appuyé par la terreur, l'emporte
» sur celui des gens de bien ; alors que
» Marat l'emporte sur Pétion. Si l'amour
» de mon pays m'a fait endurer le malheur
» d'être le collègue des panégyristes et
» des promoteurs des assassinats du 2 sep-
» tembre, je veux au moins défendre ma
» mémoire du reproche d'avoir été leur com-
» plice. Je n'ai pour cela qu'un moment,
» celui-ci ; demain, il ne sera plus temps. »

Lanjuinais motiva une seconde fois son vote négatif, sans témoigner la moindre crainte ; et, se tournant vers les tribunes qui l'accablaient d'outrages et de menaces, il s'écria : « Vos poignards ne me font pas » peur. »

Duchâtel, le député des deux Sèvres, qui, le 30 décembre, avait défendu si couragement Louis XVI, se fit porter malade à l'Assemblée, après l'appel nominal, pour prononcer le bannissement ; c'était le seul moyen de salut. La Montagne poussa contre lui des cris furieux ; quelques mois après, il périssait victime de son courage, ayant à peine vingt-sept an.

Cambacérès, Alquier, Condorcet et quelques autres députés prononcèrent des opinions conditionnelles, qui ne furent pas comptéesdans le recensement. Ainsi échappaient-ils à la responsabilité.

Cependant, au milieu du dépouillement des votes, on vint annoncer une nouvelle intervention du roi d'Espagne en faveur de Louis XVI. Alors la colère fut au comble. Les bourreaux étaient sûrs de leur proie, et ils frémissaient qu'on osât la leur disputer. Danton fit la motion de déclarer sur-le-champ la guerre à l'Espagne; enfin, la tempête se calma, et le président Vergniaud put faire connaître le résultat des votes. L'appel nominal avait duré vingt-cinq heures.

17 *Janvier*. On était au milieu de la nuit. Un sommeil, semblable à la mort, enveloppait la grande cité. Seule, la Convention veillait dans ce repos sinistre. Le président se leva pour prononcer le jugement. Il était pâle; on voyait trembler ses lèvres et ses mains qui tenaient le papier où il allait lire le résultat des votes. Par un sinistre hasard ou par une dérision cruelle du choix de ses collègues, le rôle de président avait condamné Vergniaud à proclamer l'arrêt de déchéance à l'Assemblée législative, et ce même rôle le condamnait maintenant à proclamer à la Convention

l'arrêt de mort de Lois XVI. « Citoyens,
» dit-il d'une voix émue, je vais proclamer
» le résultat du scrutin. Vous allez exer-
» cer un grand acte de justice; j'espère que
» l'humanité vous engagera à garder le
» plus religieux silence. Quand la justice a
» parlé, l'humanité doit avoir son tour. »
A ces mots, il se fit un silence solennel,
effroyable; on eût dit le silence de la mort.
Il poursuivit (1) :

« L'Assemblée est composée de sept cent
» quarante-neuf membres ; quinze se sont
» trouvés absents par commission ; sept par
» maladie; un sans cause (il était mort au
» début de la Convention) ; cinq n'ont pas
» voté; total, vingt-huit. — restent 721 vo-
» tants. La majorité absolue est de 361
» voix. — Deux ont voté pour les fers;
» trois cent dix-neuf pour la détention et

(1) Le résultat du scrutin proclamé par le président
est évidemment faux ; il suffit de lire le *Moniteur*
pour reconnaître l'inexactitude de la plupart des chif-
fres, qui furent du reste rectifiés, mais inexactement
encore, dans la séance du 18. C'est ce dernier résultat
que nous publions. Nous avons vérifié tous les suffra-
ges avec une scrupuleuse attention, et nous pouvons
affirmer que la peine de mort n'avait pas la majorité
absolue, qui était de 361 voix. Nous n'avons trouvé
pour *la mort sans condition* que 359 voix.

» le bannissement à la paix, ou pour le
» bannissement immédiat, ou pour la ré-
» clusion, quelques uns y ont ajouté la
» peine de mort conditionnelle, si le terri-
» toire était envahi; treize pour la mort
» avec sursis, soit après l'expulsion des
» Bourbons, soit à la paix, soit à la ratifi-
» tification de la constitution; trois cent
» soixante-un pour la mort sans condition;
» vingt-six pour la mort, en demandant,
» conformément à la motion de Mailhe,
» une discussion sur le point de savoir s'il
» ne conviendrait pas à l'intérêt public
» qu'elle fût différée. Je déclare, au nom
» de la Convention nationale, que la peine
» qu'elle a prononcée contre Louis Capet est
» la peine de mort. »

A ces mots terribles, l'Assemblée resta
comme ensevelie dans le plus profond silence ; elle semblait épouvantée d'elle-
même. Puis, revenue de sa stupeur, elle
admit à sa barre les trois défenseurs qui
venaient présenter une protestation du roi
et un appel à la nation. De Sèze osa discuter
le scrutin de la Convention et montrer
que la sentence n'avait été portée qu'à la
majorité d'une voix; il demandait à l'Assemblée, « au nom de la justice, au nom

» de la patrie, au nom de l'humanité, d'u-
» ser de son extrême puissance, mais de
» ne pas étonner la France du spectacle
» d'un jugement qui lui paraîtra terrible,
» quand elle considérera son étonnante
» minorité. »

Tronchet confirma les paroles de de Sèze ; il y eut entre les deux avocats une admirable émulation de courage ; et la Convention sembla s'étonner du doute qui se remuait en quelques âmes.

Alors parut, à son tour, Malesherbes ; le vieillard voulut aussi parler ; mais sa voix fut entrecoupée par des sanglots. Le vieux ministre d'une monarchie glorieuse ne savait pas la langue d'une révolution passionnée ; la douleur lui tint lieu d'éloquence.

« Citoyens, disait-il, je n'ai pas, comme
» mes collègues, l'habitude de la parole ;
» je n'ai point comme eux l'habitude du
» plaidoyer. Nous parlons sur-le-champ sur
» une matière qui demande la plus grande
» réflexion ; je ne suis point en état d'im-
» proviser sur-le-champ ; je ne suis point
» capable d'improviser tout de suite... Je
» vois avec douleur que je n'ai pas un mo-
» ment pour vous présenter des réflexions

» capables de toucher une assemblée...
» Oui, citoyens, sur cette question : *Com-*
» *ment les voix doivent-elles être comptées ?*
» j'avais des observations à vous présen-
» ter... mais j'ai sur cet objet tant d'idées...
» qui ne me sont suggérées ni par l'indi-
» vidu ni par la circonstance... Citoyens,
» pardonnez à mon trouble... Oui, citoyens,
» quand j'étais encore magistrat, et depuis,
» j'ai réfléchi spéculativement sur l'objet
» dont vous a entretenu Tronchet. J'ai eu
» occasion, dans le temps que j'appartenais
» au corps de la législation, de préparer,
» de réfléchir ces idées. Aurais-je le mal-
» heur de les perdre, si vous ne me per-
» mettez pas de les présenter d'ici à de-
» main ? »

Telles étaient les paroles mêlées de larmes du vieillard. La Montagne, impa-
tiente, rugissait de fureur. Et comme on
prétendait que l'énumération des votes ne
s'était pas faite exactement, les Jacobins
firent décider, pour trancher la question et
anéantir le doute, que dans le nombre des
votants pour la peine de mort seraient
comprises les vingt-six voix de l'amende-
ment de Mailhe.

Le 19 janvier, on s'occupa de la question

du sursis demandé par les défenseurs du roi. L'Assemblée paraissant se partager sur cette question, Vergniaud la mit en délibération, espérant retarder ainsi le fatal dénouement.

A cette proposition, les Jacobins vomirent mille imprécations contre le président. Il se fit des discours délirants. Robespierre, Marat, Merlin de Douai, Thuriot, Barrère, Couthon, Buzot, se multipliaient à l'infini pour relever l'énergie abattue de la Montagne. L'Assemblée tomba, exténuée de fatigue, après une séance de soixante heures. Enfin, le 20 janvier, à deux heures après minuit, le sursis fut rejeté par trois cent quatre-vingt voix contre trois cent dix. Philippe-Égalité avait dit *non* d'une voix très altérée.

Aussitôt après, sur la proposition de Cambacérès, qui, depuis l'âge de dix ans jusqu'en 1790, toucha une pension sur la cassette du roi, l'Assemblée décréta que le jugement serait exécuté dans les vingt-quatre heures de sa notification.

Paris se réveilla sous le bruit de la fatale sentence et se remplit de terreur.

XVII

Mais revenons à la tour du Temple. Là, depuis un mois, s'étaient passées de déchirantes scènes de séparation. La Commune, dès le premier interrogatoire de Louis XVI, l'avait privé de toute communication avec la reine et ses enfants; elle n'avait laissé auprès du roi que son valet de chambre Cléry, nom cher à l'histoire et béni des siècles. La Convention s'était offensée de cette sévérité qu'elle avait jugée barbare, et elle avait ordonné que Louis pût communiquer avec ses défenseurs et sa famille.

L'infortuné monarque ne se sentit point le courage de profiter de cette clémence; il craignait que la transition cruelle de la vie à la mort, de l'espérance au désespoir, rendue plus sensible par la présence de ce qu'il avait de plus cher au monde, n'amollît trop son âme et ne fît saigner trop souvent le cœur de ceux qu'il aimait par des déchirements répétés. Il aima mieux boire seul le calice de la séparation, que de le faire épuiser goutte à goutte à sa famille. Ainsi, le roi et la reine nourrissaient, cha-

cun en sa solitude, leurs horribles dou-
leurs, évitant de se voir, de peur que la con-
solation ne fût une angoisse nouvelle. Nul
supplice n'avait jamais égalé ce supplice.

19 janvier. — C'est dans cette solitude
que Malesherbes alla trouver Louis XVI,
après la sentence de la Convention. Le roi
se leva pour aller au-devant de son ami.
Le vieillard, tombant aux pieds de son
maître et les arrosant de ses larmes, demeura longtemps sans pouvoir parler.
Louis XVI pénétra la cause de cette douleur et répéta sans pâlir le mot que Malesherbes frémissait de prononcer, et qu'il
cherchait par son douloureux silence à faire
comprendre au roi. Il releva le vénérable
vieillard, l'embrassa, le pressa avec ten-
dresse sur son cœur. « Depuis deux heures,
» dit-il ensuite avec calme, je suis occupé
» à rechercher si dans le cours de mon
» règne j'ai pu mériter de mes sujets le plus
» léger reproche. Eh bien ! M. de Males-
» herbes, je vous le jure dans toute la vé-
» rité de mon cœur, comme un homme qui
» va paraître devant Dieu, j'ai constam-
» ment voulu le bonheur du peuple, et ja-
» mais je n'ai formé un vœu qui lui fût con-
» traire. »

Ainsi fut remplie la mission de Malesherbes, sans qu'il eût aucune parole à proférer, et bientôt il s'éloigna, le cœur déchiré d'angoisses.

Louis XVI alors dit à Cléry: « La douleur » de ce bon vieillard m'a vivement ému; » allons! plus de courage! » Cléry lui-même, qui le raconte, était près de s'évanouir.

20 janvier, deux heures après midi. — Le lendemain, les ministres Lebrun et Garat, Chambon, le maire, et Chaumette, procureur-syndic de la Commune, accompagnés de Santerre, du président et de l'accusateur public du tribunal criminel, vinrent signifier au roi l'arrêt de la Convention avec tout l'appareil de la loi quand elle met un coupable hors de la vie. Garat parut, le chapeau sur la tête. « Louis, dit-il, » le Conseil exécutif a été chargé de vous » communiquer l'extrait du procès-verbal » des séances de la Convention des 15, 16, » 17, 19 et 20 janvier. » Grouvelle, secrétaire du Conseil exécutif, en fit la lecture.

Le roi, debout, le front levé, le regard sur ses juges, écouta le mot de *mort dans vingt-quatre heures* avec l'intrépidité d'un juste. Un regard élevé au ciel parut un appel inté-

rieur de son âme au Juge souverain et in-
faillible. Puis, se tournant du côté de Garat:
« Monsieur le ministre de la justice, dit-il
» d'une voix où l'on retrouvait l'accent
» royal dans l'acte du suppliant, je vous
» prie de remettre cette lettre à la Conven-
» tion. » Garat, hésitant à prendre le papier : « Je vais vous la lire, » reprit le roi;
et il la lut. Le monarque demandait un
sursis de trois jours pour se préparer à
mourir, un confesseur pour l'assister dans
ses derniers moments, la faculté de voir sa
famille et la permission pour elle de sortir
de France ; en même temps, il recomman-
dait à la bienfaisance de la nation les serviteurs, les pensionnaires, les vieillards,
les femmes et les enfants qui n'avaient pour
vivre que ses bienfaits et qui devaient être
dans le besoin.

Le Conseil en référa aussitôt à la Convention ; et la Convention, après une discussion orageuse qui dura cinq heures,
chargea le ministre de répondre aux demandes de Louis XVI, qu'il était libre de
faire appeler le ministre du culte qu'il dé-
signerait et de voir sa famille sans témoins ;
mais que la demande d'un délai de trois
jours, pour se préparer à la mort, était re-

jetée, et que l'exécution aurait lieu dans les vingt-quatre heures.

XVIII

20 *janvier*. — Lé grand drame courait à son dénouement. Louis XVI avait rompu sa solitude; il allait quitter la terre; il voulut voir sa famille. C'était le mercredi, 20 janvier, à huit heures et demie du soir. » La reine parut la première, dit le fidèle » Cléry, tenant son fils par la main; ma- » dame Royale et madame Élisabeth la sui- » vaient. Tous se précipitèrent dans les bras » du roi. Un morne silence régna pendant » quelques minutes et ne fut interrompu » que par des sanglots. La reine fit un » mouvement pour entraîner Sa Majesté » vers sa chambre, loin de la vue des specta- » teurs. Non, dit le roi d'une voix sourde » en soutenant sa femme sur son cœur, pas- » sons dans cette salle; je ne puis vous » voir que là. Ils y entrèrent, et Cléry fer- » ma la porte qui était en vitrage. Le roi » s'assit, ayant la reine à sa gauche, ma- » dame Élisabeth et madame Royale pres- » qu'en face. Le jeune prince resta debout » entre les jambes du roi. Tous étaient pen-

» chés vers lui et le tenaient souvent em-
» brassé. Cette scène de douleur dura sept
» quarts d'heure, pendant lesquels il fut
» impossible de rien entendre. On voyait
» seulement qu'après chaque phrase du
» roi les sanglots des princesses redou-
» blaient, duraient quelques minutes, et
» qu'ensuite le roi recommençait à parler.
» Il fut aisé de juger, d'après leurs mou-
» vements, que lui-même leur avait appris
» sa condamnation. »

Après ces deux heures de gémissements
et de larmes, le roi donna le signal de la
séparation éternelle. On promit de se revoir le lendemain matin à huit heures, et
l'on se dit adieu au milieu des lamentations
et des sanglots. La jeune princesse tomba
évanouïe aux pieds du roi ; il fallut l'emporter.

Louis XVI, resté seul, se précipita dans
une tourelle, où l'attendait un consolateur ;
c'était l'abbé Edgeworth de Firmont, ministre de l'agonie, que la Convention lui
avait accordé pour se préparer à cette
épreuve extrême par la religion. Garat lui-
même l'avait conduit au Temple.

Cette nuit fut sublime. Louis XVI ne
pensa plus qu'à Dieu ; il écouta les tou-

chantes exhortations du prêtre ; il repassa devant le ministre de Dieu les actes, les pensées, les intentions de sa vie entière ; puis, après deux heures de pieuses paroles et de prières ferventes, à minuit trois quarts, il se coucha et s'endormit d'un sommeil aussi paisible que si cette nuit eût dû avoir pour lui un lendemain.

Après quelques heures, Cléry le réveilla. Il était cinq heures. Un autel était dressé dans sa chambre ; et Louis XVI prépara son sacrifice, tandis que le prêtre préparait le sacrifice du Dieu éternel. « Je suis bien
» heureux, disait le roi, d'avoir conservé
» mes sentiments de religion. Où en serais-
» je en ce moment, si Dieu ne m'avait pas
» fait cette grâce ?....... Oui, je leur mon-
» trerai que je sais mourir. »

Il entendit la messe et reçut la communion avec piété. Tout se consommait. Après quelques nouvelles prières, il se leva, et prenant Cléry par les mains, : « Je suis
» content de vos soins, lui dit-il. »

Le serviteur pleurait. « Espérez encore,
» sire, lui répondit-il ; ils n'oseront pas vous
» frapper. — La mort ne m'effraie point, dit
» le roi, j'y suis tout préparé ! Mais vous,
» ne vous exposez pas. Je vais demander

» que vous restiez près de mon fils ; donnez-
» lui tous vos soins dans cet affreux séjour ;
» rappelez-lui, dites-lui bien toutes les
» peines que j'éprouve des malheurs qu'il
» ressent ; un jour peut-être il pourra ré-
» compenser votre zèle. — Ah ! mon maî-
» tre ! Ah ! mon roi, s'écria Cléry en tom-
» bant à ses pieds, si mon dévouement, si
» mon zèle et mes soins ont pu vous être
» agréables, la seule récompense que je dé-
» sire, c'est de recevoir votre bénédiction ;
» ne la refusez pas au dernier Français
» resté près de vous ! »

Le roi le bénit ; puis, il lui remit divers
objets pour sa famille. « Vous remettrez ce
» cachet à mon fils, cet anneau à la reine ;
» dites-lui bien que je la quitte avec peine.
» Ce petit paquet renferme des cheveux de
» ma famille ; vous le lui remettrez aussi.
» Dites à la reine, à mes chers enfants,
» à ma sœur, que je leur avais promis de
» les voir ce matin, mais j'ai voulu leur
» épargner la douleur d'une séparation si
» cruelle ! Combien il m'en coûte de partir
» sans recevoir leurs derniers embrasse-
» ments !........ Les sanglots l'étouffèrent.
» Je vous charge, ajouta-t-il avec une ten-
» dresse qui brisait les mots dans sa voix,

» de leur faire mes derniers adieux ! »
Cléry se retira fondant en larmes.

Un instant après, le roi sortit de son cabinet et demanda des ciseaux pour que son serviteur lui coupa les cheveux, seul héritage qu'il pût laisser à sa famille. On lui refusa cette grâce. Cléry sollicita des municipaux la faveur d'accompagner son maitre pour le déshabiller sur l'échafaud, afin que la main d'un pieux serviteur remplaçât dans dans ce dernier office la main flétrissante du bourreau. « Le bourreau est assez bon » pour lui, » répondit un des commissaires.

XIX.

21 *janvier*. — Il était sept heures. Tous les apprêts du supplice étaient faits. Paris se levait dans la stupeur, au bruit des tambours, des chevaux et des canons; le ciel, voilé par de sombres nuages, couvrait de demi-ténèbres la ville coupable et semblait lui présager tous ces jours sinistres qui allaient succéder à ce jour d'effroyable deuil.

Des sans-culottes choisis dans chaque section, des brigands appelés de tous les départements doivent former le cortége, au milieu duquel rouleront des canons, mèche llumée. On a mis de l'artillerie sur toutes es places, sur les ponts, aux barrières, aux principales avenues et jusqu'à une listance de plusieurs lieues. Il est défendu le former des groupes dans les rues, sous peine d'exécution militaire; Paris entier est consigné dans ses maisons; les marchés même sont évacués; et, sur la motion de Robespierre, faite la veille aux Jacobins, on a choisi dans les sections des hommes éprouvés qui ont ordre de se réunir sur le lieu de l'exécution et de se presser autour de l'échafaud, comme pour aider par leur présence à la consommation de ce terrible jugement. A voir tout cet appareil militaire, on eût dit une ville attaquée par l'ennemi; et il ne s'agissait pourtant que de l'exécution d'un roi qui livrait de lui-même sa tête aux bourreaux. Les boutiques restent fermées; tout ce qui n'est pas employé pour un service commandé se cache; un vide effrayant règne dans les lieux les plus fréquentés, que traversent par intervalle des patrouilles silencieuses, et Paris est pendant plusieurs heures une vaste solitude. Chacun prête l'oreille, comme pour entendre le coup sourd de l'instrument du crime,

Santerre était chargé d'assurer l'ordre public. Il parut au Temple, suivi d'un cortége d'hommes hideux, tel que Paris seul en fournit pour les jours sinistres : c'était son armée ; une artillerie formidable le suivait et faisait trembler la cité. A neuf heures, il entra chez le roi, accompagné de douze municipaux et de dix gendarmes. Louis XVI, allant au-devant d'eux de l'air le plus calme : « Vous venez me chercher, » dit-il d'une voix ferme et dans une impé- » rieuse attitude au farouche commandant? » — Oui. — Cela suffit ; j'ai besoin d'entre- » tenir quelques minutes mon confesseur ; » je vous rejoints dans l'instant. » Santerre » le laissa entrer dans la tourelle.

« Tout est consommé, dit le roi à l'abbé » Edgeworth, en tombant à genoux ; don- » nez-moi la dernière bénédiction, et priez » Dieu qu'il me soutienne jusqu'à la fin. » Le prêtre le bénit. La prière était comme une armure dont il le revêtait pour cet affreux combat de la mort. Le roi se relève ; l'abbé Edgeworth s'apprête à le suivre.

Louis XVI ouvre la porte, s'avance, le front serein, la majesté de la mort dans le geste et sur les traits ; il tenait un papier à la main : c'était son testament. « Je vous

» prie, dit-il à l'un des municipaux qui se
» trouvait en face de lui de remettre ce pa-
» pier à la reine.......» Un mouvement
d'étonnement à ce mot, sur ces visages républicains, lui fait comprendre qu'il s'est
trompé de terme..... « A ma femme, dit-il
» en se reprenant. — Cela ne me regarde
» pas, répondit rudement le municipal, je
» ne suis chargé que de vous conduire à
» l'échafaud.» Celui qui parlait ainsi était
Jacques Roux, un prêtre apostat qui avait
dépouillé toute charité avec sa robe. «C'est
» juste,» dit tout bas Louis XVI visiblement
contristé ; il présenta son écrit à un autre,
nommé Gobeau, qui l'accepta. « Vous pou-
» vez en faire la lecture; il y a des disposi-
» sitions que je désire que la Commune
» connaisse. Je désirerais que Cléry restât
» auprès de mon fils qui est accoutumé à
» ses bons soins ; j'espère que la Commune
» ne me refusera pas cette grâce. Par-
» tons.»

Et alors on se mit en marche. Santerre
et sa troupe semblaient plutôt le suivre que
de l'escorter. En traversant la première
cour de la prison, Louis XVI se retourna
deux fois vers la tour qui renfermait sa famille, comme pour lui dire un dernier

adieu. Deux gendarmes montèrent avec lui et l'abbé Edgeworth dans la même voiture. Leur aspect sinistre indique assez les ordres qu'ils sont chargés d'exécuter, s'il se fait un mouvement irrégulier ou inattendu autour de la voiture.

Le roi, triste, mais non abattu, se mit à prier dans le bréviaire de son confesseur, et la voiture roula parmi des flots de peuples. Soixante tambours battaient la marche en tête des chevaux. Une armée ambulante, composée de gardes nationaux, de fédérés, de troupe de ligne, de cavalerie, de gendarmerie et de batteries d'artillerie marchait devant, derrière, aux deux côtés de la voiture. Un silence de mort régnait dans Paris; la marche bruyante des canons retentissait au loin et grossissait l'épouvante.

Dix heures. — On arriva ainsi au lieu du supplice, sur la place Louis XV, où la guillotine était dressée devant la grande allée du jardin des Tuileries, en face et comme en dérision du palais des rois. Là, les bourreaux, entourés de pièces de canon et d'une multitude en armes, attendaient la victime. Arrivé au pied de l'échafaud, Louis XVI ôta lui-même son habit, défit sa cravate,

ouvrit sa chemise et s'arrangea de ses propres mains. Il allait monter, lorsque les
bourreaux lui saisirent les mains pour les
lui lier derrière le dos. Il ne s'était pas attendu à cette extrémité d'ignominie, et, par
un mouvement, il repoussa les exécuteurs.
« Me lier, dit le roi avec un accent où toute
» la gloire de son sang se révoltait contre
» l'ignominie, non, non ! je n'y consentirai
» jamais ! » Les exécuteurs insistaient, appelaient à leur aide, préparaient la violence. Une lutte corps à corps allait souiller
la victime au pied de l'échafaud. Le roi, par
respect pour la dignité de sa mort et pour
le calme de sa dernière pensée, regarda le
prêtre comme pour lui demander conseil.
« Sire, lui dit le conseiller divin, subissez
» cette nouvelle humiliation ; c'est un der
» nier trait de ressemblance entre Votre
» Majesté et le Dieu qui va être votre ré
» compense. » Alors, il leva les yeux au
ciel avec une expression de douleur impossible à rendre, et, se tournant vers
les bourreaux : « Faites ce que vous vou
» drez, leur dit-il ; je boirai le calice
» jusqu'à la lie. » Au moment où il allait monter les degrés de l'échafaud, l'abbé
Edgewort lui dit cette parole immortelle

« Fils de saint Louis, » montez au ciel ! (1) »

A ce moment, Santerre donna le signal d'un roulement de tambours, comme pour dominer les impressions du peuple et toute parole qui tenterait de s'élever sur ce vaste spectacle de terreur. L'histoire manque de courage pour dire le reste; mais un témoin effroyable l'a suppléée : C'est le bourreau Sanson. « Il monta sur l'échafaud, dit-il, » et voulut s'avancer sur le devant comme » pour parler; mais on lui représenta que » la chose était impossible. Il se laissa alors » conduire à l'endroit où on l'attacha et d'où » il s'est écrié très haut : *Peuple, je meurs* » *innocent!* Ensuite, se tournant vers nous, » il nous dit : Messieurs, je suis innocent de » tout ce que l'on m'inculpe; je souhaite » que mon sang puisse cimenter le bonheur » des Français. Voilà ses véritables et der- » niéres paroles. Pour rendre hommage à » la vérité, ajoute le terrible historien, il a » soutenu tout cela avec un grand sang-

(1) Ces mots ne se trouvent pas dans la relation de l'abbé Edgeworth. Plusieurs personnes lui demandèrent, en Russie, lorsqu'il y vint joindre les princes, si en réalité il avait prononcé ces paroles que tout le monde répétait. Il répondit : « J'étais si troublé que je » ne sais ce que j'ai dit alors; mais je ne me rappelle » point ces paroles. »

froid, une fermeté qui nous a étonnés. Je
» reste très convaincu qu'il avait puisé cette
» fermeté dans les principes de la religion,
» dont personne ne paraissait plus pénétré
» et plus persuadé que lui. — Signé *Sanson*,
» exécuteur des jugements criminels (1). »

A côté de ce témoignage de bourreau,
l'histoire grave quelques paroles du prêtre
apostat que la Commune avait délégué pour
vérifier le supplice. « Pendant la route, dit
» Jacques Roux, le plus profond silence a
» régné. Il n'est arrivé aucun événement.
» Nous sommes montés dans les bureaux
» de la marine pour dresser le procès-ver-
» bal de l'exécution; nous n'avons pas quitté
» Capet des yeux jusqu'à la guillotine. Il
» est arrivé à dix heures dix minutes; il a
» été trois minutes à descendre de voiture;
» il a voulu parler au peuple; Santerre s'y
» est opposé; sa tête a roulé. » Il était dix
» heures vingt minutes. » Tel est le témoignage du prêtre de la Commune; il fait
peur à côté de celui du bourreau.

Cependant un autre prêtre descendait
précipitamment de l'échafaud, noyé dans
les larmes, et les soldats lui ouvraient leurs

(1) Tiré de l'historien Dulaure.

rangs, pour le laisser se cacher dans la foule. Il courut chez Malesherbes épancher sa douleur et revoir celle du vieillard.

En même temps, le corps du malheureux roi restait la proie des bourreaux, et des scènes infernales couronnaient le supplice. Pendant que sa tête était montrée au peuple et aspergeait de sang les bords de l'échafaud, ses dépouilles étaient divisées ; on se précipita sur leurs lambeaux ; ses cheveux furent vendus très cher. La haine et l'amour se disputaient ces saintes reliques. Un empressement d'une autre sorte effraya les bourreaux eux-mêmes. Des fédérés, des fanatiques républicains, montèrent sur l'échafaud et vinrent tremper les pointes de leurs sabres, les lances de leurs piques et leurs mouchoirs dans le sang, et les brandirent ensuite vers le ciel en poussant leur cri de : *Vive la république!* On eût dit un désir furieux de s'en abreuver. « J'ai vu, dit » Beaulieu, un crieur de papiers publics, » brandissant avec des imprécations un » mauvais sabre inondé de sang ; il voulait » le plonger dans le cœur de tous les royalistes et se croyait invincible. » Après ces scènes de délire, on alla jeter les restes de Louis XVI dans le cimetière de l'église de

la Madeleine, parmi les cadavres des sup-
pliciés; et la multitude se répandit dans
Paris en criant : *Vive la République!* *Vive
la nation* ! Et elle s'en alla jusqu'au Temple
manifester une brutale joie.

Ainsi périt Louis XVI, roi de France et
de Navarre, héritier de soixante rois (1).
Ainsi fut consommé ce crime, le plus grand
qui se soit commis sur la terre après la
mort du Christ.

Sa mort était l'horrible couronnement
d'un siècle d'erreurs, de voluptés et de folies. C'était une fatale expiation de mille
ans de gloire ; c'était aussi l'extermination
juridique de l'autorité politique en France !
En lui mourait la monarchie antique, et dès
ce moment l'histoire entre dans un âge
tout nouveau.

Privée du principe vrai du pouvoir, la
Révolution tentera, pendant plus d'un demi-
siècle, suivant la parole prophétique de Marat (2), de constituer un semblant d'ordre

(1) Il était âgé de trente-huit ans, quatre mois,
vingt-huit jours.

(2) Voir plus haut, page 68. — Le lecteur nous par-
donnera de faire ici de Marat un prophète ; mais ses
paroles sont trop remarquables pour ne pas les avoir
rapportées : de quelque bouche que vienne une révé-

public; elle inaugurera des pouvoirs de toute nature, tantôt des pouvoirs délibérés, tantôt des pouvoirs de fait, tantôt des pouvoirs armés de glaives, tantôt des pouvoirs armés de la loi; mais tous ces pouvoirs tomberont les uns sur les autres, sans que la société puisse jamais trouver sa base ni sa fixité. Le crime du 21 janvier aura tué l'autorité politique en France et livré la société, sans culte, sans Dieu, sans roi, libre enfin, à tous les caprices de l'usurpation, de l'anarchie, de la licence et de l'arbitraire; il sera devenu une menace universelle de barbarie. Ainsi, les peuples en perpétueront la flétrissure sur le front de la démagogie, comme le plus grand de tous les crimes qui aient jamais été commis contre une nation.

La postérité a déjà porté ses jugements sur Louis XVI. Il fut grand par le malheur, sinon par le génie ; ses vertus furent celles d'un chrétien, sinon celles d'un roi. Il y avait en son caractère une indécision mortelle qui fut la cause de tous ses maux. Ses idées étaient droites, sa volonté inerte. Il

lation de l'avenir, l'histoire doit la noter. N'oublions pas maintenant que de 1792 à 1852, il y a un demi-siècle environ.

n'eut de courage que pour se résigner à souffrir. Mais aussi la marche des temps était devenue si complexe, qu'il eût fallu, pour la dominer ou la régler, un de ces hommes rares qui apparaissent dans les siècles à de longs intervalles, et que Dieu envoie pour être les maîtres de l'humanité. Tout semblait échapper à la royauté, la noblesse, la juridiction, la bourgeoisie, le peuple même, le peuple, que la royauté avait affranchi et qui retournait contre elle sa liberté. Charlemagne, ou saint Louis peut-être, eût saisi, captivé, réformé la société ainsi tourmentée du besoin de choses nouvelles; Louis XVI ne sut que s'abandonner à tous ses caprices. Il fut roi pour obéir, mais son obéissance fut sublime. Il a désarmé l'histoire à force d'héroïsme. Louis XVI n'aura point les honneurs d'un grand homme ; il aura les apothéoses d'un saint.

FIN.

Paris. Typographie d'Em. Allard, 14, rue d'Enghien.

Pour paraître fin septembre.

BOURSICOTTIÉRISME

ET

LORETTISME

OU

CRÉTINISME, VICE ET PARESSE

Étude de mœurs parisiennes.

Par le JUIF-ERRANT

Un volume in-18 de 150 à 200 pages. — Prix : 50 cent.
70 cent. par la poste.

Cette brochure n'est point destinée à faire partie de notre *Bibliothèque historique*, bien qu'elle renferme l'histoire authentique de l'immoralité de notre époque. C'est tout simplement une bluette littéraire créée par notre esprit à ses heures de loisirs, comme pour faire diversion à des travaux plus sérieux ou pour tromper de longues et cruelles insomnies. Quelques uns s'en offenseront peut-être, d'autres, au contraire, en riront à cause de la singularité de certains faits; pour nous, nous nous en applaudirons, si nous avons le bonheur de flétrir adroitement le vice, sans toutefois démasquer les divers personnages que nous mettons en scène, bien qu'ils s'y mettent assez eux-mêmes. OEuvre de morale et non de vengeance, cette brochure ne saurait être une œuvre de scandale. Elle n'est dans notre pensée qu'un sage et utile enseignement.